聖嚴法師——著

是非要溫柔

聖嚴法師的禪式管理學

Calm and Gentle While *in* Conflict

自序

《是非要溫柔》的緣起

本書原稿，是《天下》雜誌副總編輯莊素玉小姐在學佛之後，認為《天下》雜誌在著重於工商經營管理及現代科技的開創管理之外，也宜為人文的層面另闢一個專欄，商得發行人殷允芃女士的同意，便向我請稿。

由於我在國內期間，工作太忙、時間太少，磋商結果，是由莊小姐先擬妥問題，約定時間採訪筆錄，每次四至六個主題，以半天的工夫完成，再根據錄音帶整理成文，交我刪訂後，便以「人生管理」的專欄方式，從

《天下》雜誌一七二期開始，原則上按期每月一篇，偶爾也會脫掉一期、兩期。

文稿刊出後的效果相當好，據讀者閱讀率的調查顯示，每期在四、五十篇文章中，受歡迎的程度，總在第十數名之間。連載至該刊的二〇二期為止，莊素玉委實太忙，希望暫停一段日子，因此便由天下叢書部編集成冊，於一九九八年三月一日出版發行，名為《是非要溫柔》。

我也由於跟天下結了緣，在其第二〇〇期被選為四百年來對臺灣最有影響力的二百位人士（包括鄭成功以來）之一，又於該刊二〇二期由讀者從二百位之中選前五十名，我又被列名第三十七順位，同時《天下》雜誌為了紀念其發行滿二〇〇期，於一九九八年一月十日舉辦了一場「飛越二〇〇〇美麗臺灣希望會談」座談會，邀請到當今對臺灣最具影響力的各界知名的五位賢達出席座談，其中有中央研究院院長李遠哲、宏碁電腦集團創辦人施振榮、美學家蔣勳、名評論家龍應台以及我聖嚴，由殷允芃擔任主持人。我能被該刊列為這場世紀性座談的成員之一，頗感榮幸，也感意外。

我在近數年來，曾給《中央日報》、《中國時報》、《大成報》、《聯合報》、《自由時報》、《中華日報》等各大新聞媒體副刊，提供連載性的專欄寫作，大多是每週一篇，每個專欄連續一、兩年，便可集出一本書，像在法鼓文化、皇冠、遠流、聯經諸出版公司，都為我發行了類似的專集。雜誌之中，則以《法鼓》雜誌、《人生》雜誌刊出最多，《天下》雜誌也持續了三十個月，並且集成一書，編入其暢銷書排行榜的「觀念領先系列」的六種著作之一，又是我的意外收穫。

此書出版時的原序，由蕭蔓小姐及馬世芳先生採訪整理，今因收入《法鼓全集》，故特此另撰一序，因此有了說明與介紹的空間，以及表達感謝的機會。

聖嚴一九九八年五月七日於紐約東初禪寺

目錄

2

安人先安心

3 企業家的人生大格局

1

多情須講理

同行不是怨家

有人問我，現在的企業競爭這麼激烈，人跟人的關係也常常陷入搶地盤的競爭中，在這種情形下，要怎麼讓人們的心情保持安定？我覺得，真正的大企業家，都會有一種「以敵為友」的氣度。只有器量小、眼光短的人，才會反其道而行，抱著「同行是怨家」、「一山不容二虎」的觀念，把朋友也當成敵人。對擁有廣大心胸的企業家來說，所謂的「敵人」，其實並不是敵人，因為會有人要跟你競爭，那就表示你做得很好，其他人才會想要來搶你的成果，所以你一定要繼續往前跑，當你愈跑愈快，後面跟上來的人也會愈來愈多，這樣就會產生帶動社會往前發展的力量。

當然，也有另外一種情況是：你看著別人往前走，自己也想要跟上去，這個時候，你絕對不能亦步亦趨地跟著別人，這樣一定沒有希望，因為你走的都是別人的路，永遠得不到第一。有時候別人走得快、你卻走得慢，也未必不好。這樣反而有餘裕思考，漸漸發展出自己的特色，即使規模小，卻也有自己的一片天。

可悲的「搶地盤」心態

我們不要把市場看成是固定不變的，不要老是跟著同一個形式走，以我們佛教徒來說，就算全臺灣兩千三百萬人都信了佛教，也只不過是兩千三百萬人，跟全世界比起來，可說微乎其微，何況臺灣的佛教團體這麼多，每個團體都在用心推廣，希望能影響更多的人，這個時候，如果我們只想搶信徒、搶機會，就太可悲了。企業要做的，應該是提供「市場」裡的「消費者」更便利、更有用的東西。例如，看看哪些服務是別人沒有提供的？哪些商品是大家都需要卻還沒有出現的？我們應該設法把它們創造出來。說穿了，人類的文明、文化，也就是這麼推動、創造累積起來的。

我現在在做的，也只是把「理念」和「方向」分享出去而已。例如我講的「心靈環保」、「人間淨土」這些觀念，現在已經有很多地方在沿用，並不只限於佛教界，這對我來說是很安慰的。我不會說「這是我的專利」，不准別人使用，這就太自私了。我提出這些理念的目的，就是要別人去用它、接受它，至於是不是我們團體的專利特色，就不是那麼要緊了。

「貪婪」與「進取」

也有人問我，「貪婪」與「進取」的分際該如何拿捏？通常我們痛恨貪婪、指責貪婪，認為貪婪是錯誤的。然而貪婪的動機，往往也能帶動這個社會更繁榮、更進步。從這個角度來看，貪婪也沒有什麼不好，可是若變成浪費、變成相互之間的傷害，那就需要改進了。將「貪婪」這個觀念稍稍轉變一下，就是「進取」，這是進步的動力。不過在追求進步而有所「得」的時候，我們也要知道付出，否則又會變成傷害別人的事了。所以我們要問的不是「貪婪」是否是錯誤的？而是貪婪心生起時，要注意是不是會傷了人、是不是讓這個社會受到了損害？

我們共同生活在這座小小的海島、這顆小小的地球上，就像是坐在同一條船上，在這艘小小的船上不停地你爭我奪，是非常糟糕的事。一艘船開到海洋去謀生、去尋找資源，最需要的就是「同舟共濟」的心。此外，我們也像是同一個缸裡的金魚。如果缸裡有一條魚認為其他的魚都很可惡，故意到處大便，把水弄得混濁不堪，最後自己不也是受害者嗎？既然是同在一個缸裡，就要有「共同體」的情感，這也是我們現在比較缺少的。如果大家生活在臺灣，都能有這樣一分「同理心」，家庭裡的成員互相幫助、互相禮讓；公司和公司之間互相給對方一條路走，讓大家都有飯吃，我們的生活環境一定會更好。

今天這個時代，就是缺少了一點為別人設想的「同理心」。這即是說，當你了解到大家都有這樣共同的期望，對你有利的事對我也有利、讓你成長的也可以讓我成長，甚至我成長得快的時候，也能帶著成長比較慢的人一起進步。現在我們所說的「同理心」，多半還是局限在人際關係的溝通，事實上，「同理心」的概念可以擴展到整個國家社會的層面，不只是「我的公司」、「我的事業」而已。

所以大企業家、大政治家，人生態度都一定是大氣磅礴，真正的政治家絕對不是為了搶位子才來的，他會有奉獻的願心、智慧和毅力。為什麼國父孫中山先生一直到現在都還是讓我們懷念不已？因為他從來沒有考慮過自己是不是要做大總統、做皇帝。相反地，一心想要做皇帝的袁世凱，是不是值得我們懷念？我想這是很清楚的事情。工商界也是一樣，我相信無論公司資本大小，只要能夠有這樣的心胸，前途絕對是光明的。現在的大資本家、大企業家，哪個不是從小資本累積起來的？只要觀念正確、心胸寬大，經營得踏踏實實，人生就必然是穩定的，即使遇到大風大浪，也不會一下子就一腳踩空。

不該心存僥倖

「立足點」是非常重要的，若是腳踏實地、步步為營，不僅規畫自己的事業發展方向，也能夠想到社會大眾的需要，那麼即使是小生意人，也會受到大家的尊敬。我們看到很多五十年、一百年的老店，雖然規模不大，卻能維持長久的良好信譽，這是為什麼呢？就是因為它們的經營理念是站得住腳的，所以可以不斷往前走。

現在很多人做生意是抱著「打了就跑」的心理，賺了一筆就走人，這其實是在害自己，因為失去了信譽。我們這個地球，看起來好像很大，其實很小。你在這裡出了紕漏，就算跑到美國去，美國人也會很快就知道你的不良紀錄。不管你跑到世界的哪個角落，也都一樣。臺灣有很多一出紕漏就逃掉的生意人，滿心以為跑到國外就可以再創事業第二春，但事實上卻不是如此。他們到了國外也只能躲躲藏藏，不可能「又是一條好漢」，也不可能成為人人都尊敬的大商人。

「執著」與「捨得」

接著要釐清的是「執著」和「捨得」的分際：為自我的利益而放不下，就是「執著」；為他人的需要而奉獻，就是「捨得」。為他人奉獻而堅持到底，叫作「毅力」，而非「執著」。「執著」是為了個人的私利、名望、權力，放不下、捨不得；總是只考慮到自己的問題，畏首畏尾、瞻前顧後，把自己弄得痛苦不已，這就是「執著」。

當然也很有可能會有這種情況：某人認為他的理念是最好的、也對社會最有利，於是堅持、執著於自己的想法。但這是僅就他自己的立場來看，並不是「同理心」。他自己認為這個社會需要的東西，未必是社會真正的需要。例如：我有一雙鞋，穿在腳上很舒服，就強迫別人也一定要穿，還覺得不肯穿這雙鞋的人都對不起我：「這麼舒服的鞋，你居然不穿！」像這樣的「執著」，這樣的堅持己見，在現在的臺灣經常可以看到。

我對自己有這樣的期許：我沒有「一定要完成」的目標——當社會環境的「因緣」許可我做、需要我做的時候，我絕對全力以赴；但是當環境不許可的時候，我也不會勉強。因為這個地方不行、別的地方也許還是可以做的。古人說：「達則兼善天下，窮則獨善其身。」這裡的「達」並不是說自己多麼了不得，而是指社會環境已經「通達」了，能夠讓我提供自己的力量。這時候，絕對要義無反顧、堅持到底去做，就算失敗也沒關係。而當環境不允許，也就是「窮困」的時候，我或許不能有什麼發展機會，但也絕對不會為自己的利益去傷害別人。

（蕭蔓、馬世芳採訪；馬世芳整理）

職場的進退智慧

在人際關係和個人修養方面，很多人都以為「圓融」是和「正直」對立的，其實不是如此。「圓融」是非常不容易達到的境界，而且「圓融」應該是要從「正直」出發。「圓融」要是覆蓋了「正直」，就不能算是圓融，而變成「圓滑」、「鄉愿」了。

人一定要「正」、「方」，才能「圓」。要是連「正」、「方」的基礎都沒有，所講的「圓融」一定會變成「沒有原則」。「沒有原則」的人，多半對於他人有害的。真正的圓融一定先講「正直」，有所為、有所不為，同時又能有一種包容性，即使自己受到些許損害，也能包容；更不會動輒「得理不饒人」，擴大別人的不是，盯著別人的缺點不放。

所以「圓融」就是不去計較「小瑕小疵」。當然，假如是很大的問題，就還是要處理。例如，今天有一個人來找我，他說自己很掙扎，有一件事不曉得該不該做？要是做了，會覺得自己「不慈悲」，不做，又覺得自己會蒙受損失，於是遲遲下不了決斷。我對他說：「阿彌陀佛。我們講慈悲，自己損失一點沒有關係，但要是損失的程度讓自己都不能生存了，還要講慈悲嗎？那是害人，不是真正的慈悲。」

為什麼呢？因為這樣一味地忍讓，只會讓對方得寸進尺。你要是不設法讓他停止，他還會傷害到更多的人。真正的「慈悲」應該是減低別人做壞事的機會，也同時幫助更多的人免於受害。

「節制」與「成長」

同樣地，「節制」與「成長」一般也以為是互相衝突的，其實不會，它們必定是互為一體，並不矛盾的。「節制」的意思是說：不要發展得太快，因為發展得太快，可能會後繼無力。而且一味地往前衝，也很容易忽略了前後左右發生了什麼問題。我們必須「步步為營」，不管做人、做事都是如此。假如一直都是「腳不點地」往前衝，只要是碰到一顆小石子，就可能會跌得很慘。如果能夠把四面八方看得清清楚楚，一步一步地走，你還是可以走得很快、很穩。

所謂「如臨深淵、如履薄冰」的心情，就是「節制」。但是為了兼顧「成長」，你還是必須努力地往前走，路面平坦的時候，你可以走得快一點，路況危險的時候，就要知道控制自己。「控制自己」並不是完全不走，只是走得小心一些。這就好比下過雪的山，隨時會有雪崩，走在山裡連呼吸都不能大聲，否則雪就往下塌了。這時候就一定要「節制」，否則莽莽撞撞、肆無忌憚地往前衝，只會葬送自己的生命。

人生的過程經常是在「節制」之中努力往前走，人就是因為懂得「節制」，才能往前走。要是不知節制，就會發生危險，也許才跨出第一步就被絆倒，反而走不出去了。

（蕭蔓、馬世芳採訪；馬世芳整理）

在安定中保持危機感

面對外在的環境，我們首先要肯定：這個世界是不安的、危險的、瞬息萬變的，它無時不在變化之中。我們中國人常說：「居安思危，臨危不亂。」如果能夠既安於現狀，又能時時在安定中保持一分危機感，那麼不管面臨什麼樣的危機，一定都可以應付，因為已經「未雨綢繆」了。這就是最好的安全保障。

其實要做到「臨危不亂」並不難。比方說，遇到高樓發生火災，這時維持呼吸最重要，一定要保持平靜的心，絕對不能「亂」。盡量避免吸入濃煙，然後再找尋生路或是等待救援。有的人因為驚恐，不由分說地往外跑，結果反而葬身火海；也有的人倉皇而逃，打破玻璃就從高樓往下跳，反而失去生命。因此面對危機時，「心不亂」是非常重要的。為了求生存，一定不能手忙腳亂，只要一亂，危險馬上就會出現。保持鎮靜，逃生的機會反而比較多。

山不轉路轉，路不轉人轉

其實，我們所處的社會，就好像是火災的現場，不要想像這個世界是多麼地安定、多麼地理想，那其實都是幻想、夢境，事實上我們不可能擁有那樣的社會。我到過世界很多地方，即使是住在社會福利最好、經濟最繁榮的地方，也都面臨和臺灣一樣的問題：沒有一個地方不犯罪，也沒有一個地方沒有天然災禍。所以我們一定要看清楚：世界本來就是不安定的，只有認清這個事實，我們才能擁有真正的安定，否則只是不切實際的空想。

但有的人在認清世界是不美好的事實後，開始變得很消極。其實這是一個「或然率」的問題：比如綁票撕票、銀行倒閉、街頭槍戰，這類的事情並不是每個人都會遇得到的，也不是每天、每個地方都在發生的。只要我們能夠居安思危、臨危不亂，腳踏實地往前走，光明還是多於黑暗，安全還是多於危險，所以我們應該多往好的方向看。就像我常常講的：山不轉，路會轉；路不轉，人可以轉；如果連路都沒有了，眼前就是懸崖峭壁，你回個頭，往回看，還是會有路的——所以人不轉，「心」可以轉，「觀念」也可以轉。人人都希望能夠「柳暗花明」，可是到了絕境的時候，往往根本沒有柳暗花明在等著你，你只能靠觀念的轉變。觀念的轉變有時候是可以扭轉乾坤的。

只要往前走，就永遠有路

比如你非要跟某人結婚不可，到了「非君莫嫁、非卿不娶」的程度，最後變成和羅密歐與茱麗葉一樣，悲劇就發生了。羅密歐與茱麗葉的故事當然是很美的，可是那是從欣賞悲劇的角度來說，當事人可不會覺得美，對他們來說，那是死路一條，是非常痛苦的。所以此時是不是轉個念頭，想一想：為什麼非這樣不可？

我有個觀念：凡事都要靠「緣」的成就。所謂的「因緣」，並不是迷信，而是指「客觀的、環境的自然因素」，要是這些因素都不允許你完成某項目標，也許就該退一步想想了。在某方面的「因」或許不成熟，在其他方面卻可能別有收穫，這就是「塞翁失馬，焉知非福」，「失之東隅，收之桑榆」。這其實都是「因緣」的變化，只要觀念能夠轉變，永遠都有希望，沒什麼好悲觀的。

舉個例子來說，《三國演義》講的「萬事具備，只欠東風」，要是孔明沒有東風之助，再好的計謀也沒有辦法成功，這個「東風」就是我們所說的「緣」了。所以當時常講「勝敗乃兵家常事」，他們並不會因為戰略不成熟、或者打了敗仗，就要跳河自殺。「留得青山在，不怕沒柴燒」，只要還有柴燒，就應該保全自己、重整旗鼓，重新再出發。

面對不成熟的因緣、不成熟的時機，我們還可以換另一個方向思考，看是不是可以找出別的因緣來促使它成熟？是不是可以等待時機，用時間換取空間？就是這種堅忍不拔的信心，讓我們對未來永遠抱著無限的希望，就算失敗了，也還是不放棄。

（蕭蔓、馬世芳採訪；馬世芳整理）

面對失敗的智慧

在商場裡有很多人，是只能成功、不許失敗，他們成功的時候往往很得意，認為自己有遠見、有抱負、有魄力、智慧超人一等，於是沾沾自喜。可是一旦碰到一次失敗，往往就失去信心，認為自己是沒用的人，完全抬不起頭來。其實就因果的觀念來說，人只要往前走，就永遠有路，這條路斷了，還會有另外一條。真正的大企業家就能看到這一點，所以不會被一時的成敗限制住。

以我自己來說，我遇到的失敗經驗簡直太多了，但是我心裡並沒有非要求成功不可，我只給自己一個方向，所以遇到失敗的時候，我反而不把它看作失敗。

我去日本留學之前，有一位馬來西亞的華僑答應資助我所有的求學經費。這位先生相當富有，他說：「出外求學並不容易，你就安心地去吧！」於是我就很放心，以為自己有了很穩當的後台。沒想到正要出發的時候，這位先生透過別人傳話給我，說是臺灣許多佛教界的法師、居士，都反對我出國，他們覺得我要是去了日本，很可能就還俗了。那時我已經出版了幾本著作，也在當時臺北最大的寺院善導寺弘法。除了我之外，他們還請了好幾位著名的學者，包括國學大師錢穆也來開講座。這位先生說，他不要做幫助我還俗的事情，這樣未免太罪過。

相信自己的目標是正確的

對我來說，這是一個相當大的打擊。那時因為有不少去日本留學的出家人真的還俗了，所以反對我留學的人確實不在少數，他們擔心我去了日本，就跟其他的出家人一樣「不見了」。連我的師父東初老人也說：「大家都不贊成你去，我當然也不贊成。」在這種情形下，雖然學費沒有著落，身上只剩一張飛機票的錢，我還是毅然決然地去了。我相信自己的心願——把日本現代化的思想和學術體系學回來，提供給臺灣的佛教，這個目標是正確的。而且我既然還有一張飛機票可以去，那就先去了再說！

臨行的時候，一位姓張的工商界人士給了我三封信，他說這三封信，就是三筆豐厚的獎學金，其中任何一封都可以支持我長期讀下去。這三封信的對象，都是在日本商界做大生意的華僑。我很歡喜地拿了這三封信，心裡想：「儘管失去了之前的資助，現在有了這個，也還是很好的。」

一邊替人念經一邊讀書

我到了東京之後，要不了多久就沒錢了，便拿了信去求其中一位董事長。這位董事長起先不肯見我，後來見到面，還訓了我一頓。他說：「你怎麼膽子這麼大，沒有錢還敢跑到日本念書？你不是和尚嗎？東京有很多人過世之後要做佛事，你就去念經吧！其他人到日本都是半工半讀，你做和尚念經也可以賺錢啊！」他這樣一說，反而給了我靈感，我後來真的就去念經，另外兩封信從此再也沒有拿出來。我一邊替僑界過世的人念經，一邊繼續在日本讀書。當時許多素昧平生，來自越南、新加坡、馬來西亞、美國的華僑，讀了我的著作很喜歡，於是透過這樣的方式接濟我。

修完碩士學位後，指導教授要我繼續讀博士，沒想到他第二年就過世了。這對我來說，等於是沒有了前途，因為那所學校已經沒有可以指導我做這個題目的教授了。不過我不會陷於困難、陷於絕境之中，最後還是找到了指導教授，完成學業。

後來我到了美國，面對的困難更多，靠的是什麼？就是一分信心——我相信，做這些不是只為了自己。假如我追求的是個人虛無縹緲的、不可靠的「名」和「利」，我想我是不會成功的。

金絲鳥與蜜蜂

我從來沒有要「追求」任何東西。到日本讀書，只是想把讀到的東西帶回來，回饋給國家和佛教。到美國弘法，也只是想把中國佛教的寶藏帶給美國的社會。不管我到什麼地方，都不是要替別人添麻煩，而是要給別人好的東西。有一段時間，我每天背著睡袋在馬路上東奔西跑，既不知道下一頓飯在哪裡，也不知道晚上要睡在哪裡，身上沒有錢，過的完全是行腳僧的生活。可是那段時間我覺得很充實，面對不可知的前途，也完全沒有恐懼感。當時覺得，做為一個出家人，就算死在東京或死在紐約的街頭，也不覺得悲哀或遺憾。

即使是在那樣的環境下，我也沒有絕望，我把它當成一個個成長的經驗、一次次受教育的機會。回想起來，我並不覺得當時那位拒絕資助我的董事長是在羞辱我，相反地，他是在教我生活的方法。我的師父對我也是如此，他從來就不是「給我希望」，而是教我自己把路找出來。

師父對我的栽培是「養蜂」的方式，而不是「養金絲鳥」。「養蜂」的方式使我有「自己覓食」的能力，這對我的人生經驗是太美好、太珍貴的收穫。假如我像「金絲鳥」一樣在籠子裡長大，每天不用費力氣就能吃飽喝足，我想我不可能有今天。

中國人的特質

總括來講，漢民族的韌性、耐性都非常強，不管活在多麼惡劣的環境，都能熬得下去，不輕言絕望，也不容易生氣——也許心底還是在生氣，但是「人在屋檐下，不得不低頭」。遇到低矮的屋檐，西方人會說：

「這個屋簷太矮了，修理一下，否則我會撞到頭！」中國人則剛好相反，他不但會彎腰走進去，假如必要，連用爬的他都要進去；假如沒有辦法抬著頭走出來，他也願意用鑽的方式出來。韓信忍受「胯下之辱」，被我們當成美德，這在西方人眼中是不可思議的。他們一定會問：「為什麼我要從你的胯下鑽過去？」中國人常說：「小不忍則亂大謀。」這種堅忍的耐力，是我們的特質。所以中國人不管到什麼地方，無論一開始多麼艱苦，經過幾代的奮鬥，也總是可以生活得很安穩。

我們要學習西方的，是他們的科技精神和認真態度，這方面日本人學了很多。就拿數鈔票、找錢這件小事來說，他們總是正著算、倒著算，一塊錢、一塊錢算完再給你。中國人不是的，心算一下就把錢找給你了，常常連數都不數。中國人的思考可以算是「跳躍性」的，聰明，但是不科學，所以出錯的機率也比較大。往往一時之間頭腦不清楚，卻還是倚賴平常的習慣，就造成了客戶和自己的損失。這類「跳躍性的思想」在中國人的社會裡非常地普遍，是需要改進的。

有人問我，佛教到底是鼓勵積極進取，還是勸人消極避世？我常說，這是中國人的民族性，和佛教未必有直接的關係。道家思想和儒家思想都是中國固有的，儒家思想是入世的、進取的，所以中國正統的政治思想是以儒家為主；但是還有另外一種思考空間，讓中國人在無計可施、痛苦不堪的時候，得以「退而求其次」，繼續生活下去，並且活得很自在，這就進入了道家思想。學「道」的時候，講求清淨、無為、自然、少欲，漸漸就有了長生和神仙的養生思想。在事業上沒有什麼嚮往，求取身體的健康和心理的平安，放下一切，這是中國文化中相當美好、相當自然的一面。

去「執著」，行菩薩道

道家讓我們了解到，「窮」沒有關係，沒有名位、沒有權勢也無所謂，人還是可以活得很自在。也有人在事業有成、年歲漸長之後，退了下來，反而追求一種安定的生活，讓自己的後半生也能活得相當愉快，這也是受道家的影響。但是佛教並不是這樣的：進入佛門就要奉獻自己，不為自己的利害打算，不為自己的進退設想，凡是對眾生有利的，就是自己的安身立命處，這其實是相當積極的。

此外，佛教有佛教的修行方法，像打坐、念佛、誦經……，這都能使我們保持平靜，擁有一種「超越」的人生態度。一旦超越了「自我」的執著，就是「解脫」的境界了。所以雖然身在人間，卻能透過奉獻而成長，從奉獻中達到無「我」、去除「執著」，正因為他不「為己」，所以很自在，這就是菩薩心，就是菩薩之路。

所謂菩薩行、菩薩道，就是要靠「人間淨土」的建設者去實踐。而我們「人間淨土」的建設者，實踐的就是菩薩行、菩薩道。

（蕭蔓、馬世芳採訪；馬世芳整理）

理性與感性的調和

在今天這個時代裡，社會上處處充滿緊張的氣息，不僅是為了追求個人的名利、權勢、地位，許多悲天憫人的人也是活得很緊張。甚至還有一群人，自己什麼都沒有，也不追求什麼，卻鎮日緊張兮兮，深怕自己走在馬路上隨時會被車子撞上。

像這樣的社會、這樣的處境，使得人們無時無刻不處身在緊張之中，擔心著自己，也擔心著他人。

精神緊張主要原因，不外乎是感性與理性的不調。純粹的理性會使人被現實的世界拒絕；純粹的感性會使人被現實的世界淹沒。如果時時處處講理，而又得理不饒人，步步緊逼人，當然會被拒絕；經常情緒化的人，必然糊塗，雖然能同情人，不過是站在自以為是的立場和觀點，而不是以他人的角度來愛人。這種缺少理性的愛，可能會演變成占有、控制，又否定他人的自由空間。

理性、感性如何調和？

雖然理性和感性的極端，會導致禍害和困擾，但是我們必須承認並接受事實。而且，要先從如何調和理性和感性的問題上著手，其次是超越理性和感性，最後便可自如地運用理性和感性。

如何調和理性和感性？首先，當我們察覺到自己的情緒起伏不定、滿腔的憤恨不平、身心緊張、語無倫次、情緒激動難以控制時，內心要清楚明白，這是感性急於抬頭和力求表現的時刻，也是容易跟別人起爭執的先兆。

此時處理事情必不中肯，也不得當。感覺到自己受委屈、被罵、被指責又無處申辯時，血壓可能上升，情緒也隨之波動。

在這重要時刻，不妨告訴自己試著將頭腦放鬆，全身肌肉、小腹、神經都放鬆；若能放鬆，定可化干戈為玉帛。

如果發現自己凡事一板一眼，樣樣照規矩來，缺乏彈性和變通，就是理性抬頭的時刻。此時同樣先放鬆自己的身心，讓心有餘裕能站在別人的立場想一想，就能多一分同情、諒解和包容，可以為適應對方做調整，而不會產生煩惱。

所以，當理性抬頭時，需要用感性來配合；感性太強時，又需要用理性加以疏導，若能如此，世間才有溫馨和祥和。

（原載《天下》雜誌一九二期）

如何識人、用人、留人？

身為一個經營者及管理者，如何知人善任而又能留住人才，是一件很重要的事。

如何識人？從一個人的儀表、講話的態度與眼神，可看出一個人的心思是否浮動、情緒是否穩定。有些人的習性，總是表現得緊緊張張，但卻並不表示他的心念、他的頭腦、他的工作有問題。然而像這樣的人往往無法做領導人，只能做中下層次的管理者或執行的人。為什麼他沒辦法做高層的經營領袖呢？因為他看來比較害羞、緊張，沒那麼沉著，容易讓人誤以為他的自信心不夠。但他的心念非常清楚，這種人做幕僚很好。

其次是看這個人的經歷。有的人學歷很好，但經歷不見得適合，譬如：是不是更換工作頻繁、是不是適合你的公司任用、是不是這項特定職務所需要的人才？這些都值得細細思索。

用人要能先安人

對公司而言，在任用新進人員擔任比較重要的職務時，不要忽略了他的穩定程度。中層以上的幹部，要個性穩定，工作才能穩定，如果個性不夠沉穩，常常朝秦暮楚，有可能隨時會把公司的情報拿走，縱然未帶走什麼，也會使公司損失，影響到部屬的穩定性。所以公司內的基層員工，不可以經常換人，主管更要安住員工、留住人才。

一個人若經常換工作，也不等於他不穩定，要看原因是什麼？有些人換工作，是遇到工作環境的問題，而不是他個人的問題；也有人是為了達成某個工作目的，所以才常常主動或者被動地換工作，工作換到最後，使他歷練成一個具有多方面能力的人才。像這樣的人，老闆反而要重用他。

至於如何用人？用人著重於安人的方法。

第一是安家：要為他的家庭設想。首先了解他的家庭情況，如果家庭情況很糟糕，他就不會安心工作。如果能夠關心部屬，使他的家庭很安定，無後顧之憂，那他一定會為公司盡心盡力。

第二是安業：要為部屬的前途設想。不一定要讓他有步步高陞的職位，而是應該有個方法，讓他不斷地有成就感，能有興趣一直做下去。一個人能一直在公司做下去，讓他去開發潛能，一方面是公司的穩定，另一方面也是工作人員本身的成長。

第三是安心：要主動去了解員工的困難，解決員工的困難。因為老闆是主導整體和全面的人，最清楚公司可能面臨什麼問題，因此要事先為員工設想到他會遭遇的困難，然後預先為他防範，事後為他解決。這樣一來，部屬會很感激老闆的體恤，為他設想得更周到。

再者，用人之道，在於以誠待人、以禮待人。一個新員工進來，對他的所知當然不多，但你既然要聘用他，就得相信他。在相信他的同時，要關懷他，也就是了解他工作進行得如何？有什麼困難？好的表現要給他鼓勵，不足的地方要幫他解決，使得屬下覺得老闆始終對他的工作情況瞭若指掌，他再調皮，也不會玩出什麼花樣。一旦當他被你訓練成功之後，就該肯定他、尊重他、讚賞他，切切不可以高姿態的立場，炫耀自己而看輕他。

歸屬感留人心

如何留人呢？

現在有很多公司留不住人才，這不全是老闆的因素，有的是外在環境的誘惑。例如，外面的公司福利較好、待遇較高，再加上陞遷快，或者管理制度好，更能使人成長。這種種的誘因都可能使得他們跳槽。

一個好的公司或歷史較久且有制度的機構，人才應該都是自己訓練出來的。由新進員工開始，一級一級往上陞遷。

如果是剛剛開始成立的公司，應該禮聘一些有經驗、有能力的人才來幫忙，或者結合一些志同道合的朋友，共同來經營。久了之後，就要培養自己的子弟兵，由基層訓練起。一開始就要讓這些員工有大家庭的歸屬感，並且對工作、前途都覺得很有保障、有安全感，員工就留下來了。

不過無論你的機構有多麼完美，總有一些人才還是會流失，因為其他公司也會以高薪來挖角，或者想獨立創業，或者另有其他的因緣而離開。即使如此也沒關係，心胸放大一點，當成是替國家、替社會訓練人才，這便是你對國家社會的貢獻。若有這樣的信念，員工走了，也會感念老闆，感激公司，縱然有影響，應該也是正面的多一些。

另外，也可能會有人想要跳槽到你的公司。一般而言，除非整個公司的實際需要，否則最好不要輕易延聘跳槽的人擔當重要的職務。因為跳槽過來的人的想法、作法，很難於短期內和你取得默契。不過，經營很久的公司，也不能完全排除採用跳槽的人才，延攬一些睿智的、特殊的、具有高度專業知能的人才，還是有需要的。

同舟共濟

引進新觀念、新科技及新方法，公司才會有前瞻性。至於如何任用他們，最好是成立新的部門，由他們發揮所長，不一定要擔當原體系的某項主管，因為他們與左右上下之間的默契，需要一段時日才能培養起來。如果正好某一部分的主管出缺，非得找新來的人員遞補，則另當別論。

一個公司機構為什麼留不住人才？可能有幾個原因：第一，可能是員工倦勤。這種人，如能關懷他一段時日，可能還會留下來。第二，他本身的條件不足，個性特殊，不論怎麼努力，總是不覺得有成就感，倒是常有無力感和挫折感，於是選擇離開。第三，未能在他期待的時限內配合他的想法。譬如他希望老闆在公司運作上改進，或者在人事上做改善，公司未能符合他的期待，便感到失望而另棲他枝。第四，由於婚嫁後的家庭因素，或希望改變生活環境，以及取得深造的機會。

身為經營者或管理者，最好能與想要離職的人才談談心，從中了解原由所在，也能藉此了解員工的處境。除非老闆認為「走了算了，我另外再找一個比你更好的人」。否則在雙向溝通的談話中，應該會告訴你原因。當老闆誠懇地告訴他：「目前我們也正在設法改善，請你留下來，讓我們共同來努力吧！」他感於你的懇切，一定會留下來。當然，對於一個方向明確，充滿了活力和遠景的機構，用不著擔心留不住人才的問題。只是世界上還不曾有永遠鼎盛的事業，所以養成同舟共濟的觀念很重要。

（原載《天下》雜誌一七五期）

放開胸懷做領導

做為一個領導人，最重要的心態是責任，而不是權威。領導者的身分代表著全體的員工，是整個公司信譽和光榮的象徵。

企業中，每個人都各司其職，各站在不同的立場，也都有各自的責任。領導人的責任是提供智慧、經驗，和個人的社會資源及財務資源，來為社會服務。

企業如何為社會服務呢？首要是凝聚一群與自己理念相同或願意接受

自己理念的人，來共同開創一番事業。領導人在這一番大事業中，扮演的只是一個主導者的角色而已，不等於是全體。整體應是指共同參與的所有人員，包括合夥人、股東、職員，甚至是客戶，也就是在共同的生命體內求生存、求發展，共存共榮的所有成員。

公司不是私人財產

因此，領導人不能把公司的資金、財產，當作個人口袋裡面的東西，也不能認為公司的動產、不動產，人力、物力、經營的信譽，都是出自於自己一個人的本領，因此有權來任意支配。若有這種心態，一時之間，可能經營得還不錯，事實上，已暗藏著問題。會造成其他人員心中的不平衡、不服氣，因為他們也出了力、盡了心，付出了他們的貢獻。

有些領導者會認為，局面是自己奠定的，事業是自己創造的，財產是自己經營滾轉出來的；員工只是工具，他支付員工薪水，員工幫他賺錢，就好像他養了雞，雞生蛋給他吃一樣。將員工當成賺錢的工具的老闆，如果是在封閉式的社會，還沒有人會覺得有什麼不對，但當社會開放之後，員工就會心不甘情不願，甚至離心離德，敢怒不敢言。一旦公司發生危機，有什麼風吹草動時，員工難免就要出現眾叛親離的狀況了。因此，老闆應有這樣的共識：公司不是屬於個人的，而是屬於大眾的，甚至自己也只是奉獻給公司的一分子而已。

經營企業的過程，就像人生一樣，有起有伏，做為一個老闆，要有勝敗乃兵家常事的雅量。隨著環境的變遷，隨著時代的變動，任何一個機構都會有起有落，有經營得很辛苦的時候，也有經營得非常順利的時候。如果負責人不會做人，老闆的心態有問題，領導方式像是個秦始皇、拿破崙，那麼在公司順利的時候，沒有問題，大家都會聽他的，因為聽他的人才有飯吃，才有錢賺，才有前途。但是一旦公司產生問題而走下坡時，老闆就會很倒楣、很痛苦，因為就要面臨眾多員工求去的局面了。

把誠信放心上

所以做為一個老闆，得失心要少一些，一定要把誠心、信譽放在心上。除了寬待員工，對客戶也不能失信、不能怠慢。公司的服務好、信譽佳，就是老闆的光榮及成就。如果公司經常受到政府的獎勵，受到媒體的報導，獲得社會大眾的好評，這種被社會公器公認的榮譽，不僅是老闆的經營有方，更是全體相關人員共同生命力的展現。

（原載《天下》雜誌一七四期）

陞遷如何免招嫉？

人事陞遷可由三方面來談。首先，站在老闆的立場來看，要多方評估誰最適合這個職務，然後再把最適合的人選安置上去。如果受到人情的包圍，先考慮哪一個人是最可靠、最聽話、最沒有爭論的人，那麼老闆就很難順利安排人事，來達成既定的工作目標。

以我來說也是一樣。每個徒弟、每個信眾，我都把他們當成現在的菩薩、未來的佛看待。但是當為了工作職務而安排人事時，工作就是工作，職務就是職務，一時的不適用，可以給予職前訓練。如果來不及訓練，就要考慮另外再找比較適合的人選來擔任，然後再慢慢培養人才。為了完成工作目標，必須因事用人，不能因人用人。

要把適當的人員安置在適當的位置上，也就是所謂適職，應包括才能及人品。所謂才能，指的是他完成任務的能力，例如：專業能力、反應能力、溝通協調能力，以及學習成長的潛力等。所謂人品指的是他的人格操守，例如：忠誠、廉潔、盡職負責，會不會假公濟私、會不會貪小便宜、會不會投機取巧、會不會有男女之間的問題等。

容納異見的雅量

其次，站在被擢陞那個人的立場來看，可能會面臨一些尷尬的場面。譬如，可能有人會議論說，另一個人平常表現都比他好，為什麼是輪到他呢？這其實是很正常的。講這種話的人，通常並沒有惡意。他可能只是看到他所熟悉、所認識的人的某一方面而已，不必介意。如果這些話傳得很廣，影響到很多的人，倒是可以找他談一談，了解他的看法，並且客觀地跟他分析這幾個人選的條件，以及為什麼公司要做這樣的安排，讓他了解公司的政策與整體運作的考量。

被擢陞的人也不用在意別人的議論，如果太在意，是很難做事的。也不需要主動去安撫這些人的情緒，因為他們很有可能不會接受你的安撫。

但是被擢陞的人，也要有雅量容納這些不同的聲音，甚至於反對的聲音。一旦上任履行新職，對正、反兩面的屬下及同事要一視同仁，不能以差別心相待。俗話說：「宰相肚裡能撐船。」當主管的人，不是只照顧一、兩個人而已，是為了團體而照顧所有的人。其中有一、兩個人，雖然不喜歡你，你還是要包容、接納他，不要排斥他。要把兩人之間不協調的情緒化解於無形。要做到對方雖然說了很多閒話，但你上任時，並沒有對他特別不好。久而久之，人心也會改變。如果沒有轉變，也沒有關係，你就把他當作相反適相成的助力吧！能有阻力才能讓你更成熟、更踏實。

此外，站在沒有被擢陞的人的立場來看，有的人認為他的能力可能超過被擢陞的人，人品、年資，樣樣都夠，就是沒有被調陞。這時候，難過也沒有用，你的能力與人品都好，固然是事實，不過，別人的運氣比你更好。別人的福報好，陞遷的機會自然就多一些；福報不夠多，再怎麼努力也是得不到賞識的。甚至也有可能被陞遷的那個人的所有工作成績，原來都是你幫他做出來的。也就是說，老闆只看到他的表現，沒有看到你在幕後的功勞。也或許老闆也看到了你的能力和功勞，仍覺得你尚不適任更高層次的工作，這個時候該怎麼辦？

沒有關係，因緣如此。坦然地面對這一切，歡喜地接受這一切，這個時候，你的心也會放下，過著快樂自在的人生；職務的陞遷與否，和人生的幸福，並沒有一定的關聯。人生的價值是在盡心盡力地奉獻，也未必要由職務的陞遷與否來做衡量。

（原載《天下》雜誌一八五期）

包容才能溝通

所有的人都有堅持己見、自以為是的習慣。這是「眾生相」，眾生各有各的長相，各有各的心相；我們得承認，每個人不僅相貌互異，思想的模式、觀點也都不盡相同。

我待人處事通常是設定在無我的立場，無我並不等於放棄自我，而是包容他人；但不是以個人的自我為中心來包容他人，而是以大家的觀點來包容他人，這樣就不會有自我執著。換言之，無我的意思是允許任何觀點或任何現象的存在，並且明白任何舊觀點都會改變，任何新現象也都可能出現，就像長江後浪推前浪，世間的現象就是不斷地在變動。過去被人認定的真理，今日可能會被另外一個真理所代替；一個新的定律出現，日後又會為另外一個新定律所取代。

時代的巨輪不停地向前推進，任何觀念終究也會被另外一個觀念所取代。任何一個觀念的出現，必然有它的原因和作用，但總有一天又會被遺忘，之後，另外一個觀念又出現，正所謂各領風騷數十年。又如同正在舞台上演得渾然忘我的演員，下了舞台後，另一批演員會再度出場，沒有一定的角色是台上的，也沒有一定的角色是台下的。時而台上，時而台下，交錯進行著，沒有永恆且獨立存在的現象，只有因緣的聚合離散，在聚與散之間，沒有一個實質不變的現象和「我」的存在，這就是「無我」。

公是公非的原則

至於整體所包容的一切，平常稱為「大我」，也不是經常或永恆存在的。放下自我，沒有小我，也沒有大我，那才是無我。不過，整體的大我是無我的過程。例如，夫妻之間，維護一個家庭就是一個整體的大原則，這是公是公非，一旦危害家庭的完整性，那就是私是私非。夫妻如果各執一詞，彼此鬥爭不已，這個家庭就沒有辦法維護了。要挽救瓦解的危機，唯有靠雙方真誠地溝通與妥協。當你認為最好的，你的配偶沒辦法接受時，不妨退而求其次，採取次一級的公是公非也是途徑之一。此外，團體有團體的公是公非，公司有公司的公是公非，國家有國家的公是公非，世界有整個世界的公是公非。

傑出來自胸襟的開闊

其實，認為環境或事物不理想，其實是來自內心有一個理想標準的反映。人與人之間，要彼此相互尊重對方的想法。所謂民主的時代，就是平民的時代，不是僅僅靠幾位傑出人物就能運作出來的時代。但傑出的人物能看到遠景，清楚大局，一般人是不容易看得到的。因此，傑出的人，要善用智慧並且盡其所能來讓大家明白遠景是什麼？大局又是什麼？要不斷地公開宣導，更重要的是開放胸懷、察納雅言，讓大家有表達意見的管道。

一般人的想法是平庸的，平庸是正常的。公是公非本身就是平庸的想法、平庸的觀點。傑出的人才要為千年大計、甚至萬年大計設想，為無限的空間規畫。有遠大眼光的人要能包容平庸的人，要設身處地為平庸的人著想，他們究竟在想什麼？他們的需求又是什麼？要保護他們，讓他們能平安地一步一步向前走。

能夠包容平庸的人，才能夠遠大、恆久，才是現在與未來的領導人。否則僅僅一時得志，猶如高空中的彗星，光芒萬丈，瞬間消逝。

（原載《天下》雜誌一八二期）

用人的智慧與福報

有福報卻不一定有智慧；若無智慧，福報本身也可能會帶給我們或多或少的困擾。有福報的人一定要有智慧；有了智慧，才會知道如何運用福報和增長福報。最好要「福慧雙修」或「悲智雙運」，才是健康的人生態度和修行觀念。

不論是福慧雙修或悲智雙運，都要知道如何培植和運用自己的福報，至於如何培植？就必須靠智慧。譬如，希望從商賺錢，就得先學習工商管理、學習企業經營。我曾經遇到一位哥倫比亞大學畢業的財務管理博士，我問他賺了多少錢？他回答說：「我只知道怎麼替別人賺錢、管錢，但是自己沒有錢。」知道如何替人賺錢、管錢，自己卻沒有錢，就是有智慧而福報不夠。有很多企業的經營者本身並沒有讀很多書，但是他們能夠任用很多學歷高、經驗豐富的專家和學者，來協助他們管理公司、經營事業。像這類的企業家，雖然並沒有接受很多的正規教育，但不能說他們沒有智慧。不過，有了用人的智慧，還得要有賺錢的福報。

善於待人處事是智慧；受人善待、事事稱心如意則是福報。一個人如果不知道如何待人處事，做人做到親痛仇快、眾叛親離的程度，可以說是極沒有智慧的人。而到了父子成仇、夫妻反目、兄弟鬩牆的地步，自然也是缺少福報的人。

如果一個人能夠將認識及不認識的人集合在一起工作、在一起生活，為共同的理想而奮鬥，得到的不僅僅是財富，而且是福慧雙修。

福報從哪裡來？是靠無私的智慧累積而來。把許多個性不同、生活習慣不同、教育程度不同的人，聚集在一起愉快地工作，這是需要人緣和智慧的。人緣就是一種福報，再加上智慧的運用，就是另外一種財富。

眾志成城結善緣

佛教典籍所講的智慧，不全然同於一般所謂的知識或學問。知識或學問是可以從書籍中或師師相授中學習而得；智慧則是要從自己內心的體驗及人與人之間關係的運用而獲得。有些人雖然學富五車、博覽群籍，但是沒有人緣，不通人情、不諳世故，走到任何地方，都是不受人歡迎；想做任何事，也都沒有人願意認同、參與。像這種人就是少福少慧的人。這種人縱然有滿腹的經綸，同樣也有滿腹的牢騷，更不幸的是，尚有十足的驕氣。

常言道：「做事容易做人難。」可是，識人才能用人，有人才能成事，成事才有福報。如果沒有人來相助，必不能成就大事。同樣一件事情，如果僅靠一個人單槍匹馬，孤軍奮鬥，雖然也可以做出一點成績來，然而，在整個過程中，辛苦萬分，不言可喻，成就卻極為有限。

所謂「眾志成城」，如果能夠集合眾人之力，大家同心協力為同一目標而努力，其成功是可預期的，其影響力也是深長久遠的，如此，才能造福更多的人。所以，佛法經常強調「和樂」、「和敬」，主張「群策群力」，正是這個原因。集合眾人之力的原則，是要用人之長，容人之短，尊重和體諒，再加上關懷，才能夠讓人樂意為你所用。

（原載《天下》雜誌一九一期）

辦公室的相處倫理

平輩之間的相處，不可猜疑、不能嫉妒、不得輕視、不要攻擊，但應當有公平的競賽、合理的進退。要把平輩當作互助互惠的伴侶，而不是比高比低的對手。

人與人相處，主要是誠懇、同情、關懷、尊敬，這幾個項目對於任何立場的人應該都是很重要的。因為人人都不希望受騙，只要上當過一次，下一次就不會相信你。

但是，有一些人喜歡運用手腕，即一般所謂的用「術」來待人，用這種方式與人相處，短時間會有許多的便利，但時間一久，謀略被發現之後，人們就會害怕，不敢再與他們相處了。善用術的人，溝通的時候會用手腕，合作的時候會用手腕，讓你不自覺被他套住。因為他就是利用別人的弱點，善用自己的優點，來控制人。不學無術之人，令人避之唯恐不及，但是遇上不學有術的人也一樣麻煩。技術的「術」，它的原義應該是管理的方法，然而一旦化為心機，令人感覺到是被陷入預設好的圈套中，像這種方式的術應該避免。

誠懇是真心的，心機則不是真心的，這非常重要。誠懇就是要由諒解他人、關懷他人、尊重他人，來獲得他人的信賴。對一般平輩，若能多付出關懷、同情和諒解，他們也同樣會給你多一分關懷、同情和諒解。但也有少數人不會給你回饋，甚至會認為你所做的關懷是應該的。然而，真的要與朋友、同事相處得很融洽，主動地付出關懷、同情和諒解，是非常必須的。

與部屬的相處之道

至於要如何與部屬相處？首要是尊重部屬，不要把他們當成工具來看待，也不要把他們當成墊腳石來利用，應該要把他們當成共事互利的夥伴，是自己的手足，希望他們能更努力、更有成長。要不斷地給他們關心、照顧和提拔，處處為他們設想，替他們解決困難、承擔責任。雖然有些人限於先天的資質、條件，任憑你怎麼訓練提攜，他就是無法自立、自主。但是一家公司或機關，就像我們人體一樣，五臟六腑樣樣都需要，缺一不可；又如同一部機器一樣，有大的齒輪，也要有小的齒輪，要有大的螺絲釘，也要有小的螺絲釘，所以還是要一視同仁地關懷、協助他們，照顧他們身心的健康、家庭的安定、工作職務的勝任愉快。假使主管們都能夠這般地付出無盡的關懷，一定能與部屬相處得很好。

對於新進員工，則要讓他們深刻地認識企業文化，培養對未來的使命感，但也不要揠苗助長，因愛之適足以害之。進步快當然很好，走得慢些也是正常；任何人只要在基層待久了，都會期望自己能夠有所成長。因此，在新進的階段，對他們的期許要高，訓練要認真，質的要求則不能太高。使他們內心充滿了希望，卻沒有心理上的壓力，要讓他們能夠自我期許，把工作做好。

與主管的相處之道

至於如何與主管相處？做主管的人，多半是喜歡屬下跟他們有良好的默契，能為他們分勞分憂，不會向上頂撞抗爭，為他們少製造一些麻煩，多一點幫助。因此，做屬下的人應該多替主管設想，在工作上發生困難時，首先要自行克服，不要時常提出問題讓主管頭痛。

主管交辦的任務，如果時間不是很匆促，最好能自己用心去研究，盡力去考察，擬妥幾個可行方案，提供主管參考及選擇，並請示主管指導，以全心全力來達成任務。不要把任何問題都推給主管去處理，發生了任何情況，也不要都等待主管來解決。因為主管需要的部屬，是能夠幫忙他們分擔責任與工作的人，而不是時常找他們麻煩的人，何況只有經辦人自己才對他所經辦的工作最熟悉，要不然，主管何必選擇任用他呢？主管階層的人一定很希望能用到得心應手的部屬，不僅是能用他們的手、腳，而且能用他們的頭腦和心。

身為部屬的人遇事都當為主管階層的人設想，而且要為他們分擔部分責任，不要盡把責任、過失推到上層主管身上去。中間主管也不要輕易運用上層的權威，任何事情都說：「這是上面交代要這樣辦的。」或是經常不替上級負責任，只管傳達命令說：「這是老闆講的、這是老闆的要求、這是老闆的意思。」應該要說：「這是經過決策或管理層次召開會議決定的，依實際的情況，需要這樣做。」一個機構的決策或管理層次，大概包含有董事長、總經理、主管群、顧問群等，最高的、最後的決策，當然是老闆的意見，任何的決策雖有其主觀的成分，但是也必有其客觀的因素。因此已經通過中層幹部而提出的意見，中層幹部就不可以說，這是老闆要交辦的事了。

中階主管平日則要常常對屬下說，這是老闆對員工們的關懷、這是老闆對員工們的勉勵、這是老闆的道德理念、這是老闆的公司理念、這是老闆的經營哲學、這是老闆希望完成的社會責任等，如果能夠這樣做，便會將老闆鞏固成這個機構的領導中心，是精神的、方向的，不是權威的、高壓的。因此，在這方面，中階主管及為人屬下的人，對於上級交代的任務，必須弄得清清楚楚，然後化成自己心中的任務，將自己變成老闆的化身，將老闆的事當成自己的事，全心投入來完成工作。在推動一項工作任務時，千萬不可以為了指揮方便，就把所有的責任都推到老闆的身上，或假借老闆的權威，用老闆的命令強迫他人服從。

良好的經營管理，不是只靠老闆一個人，而是全體共同的事。優秀傑出的老闆，不是以錢來建立權威，應該是以智慧、氣魄、經驗、創意、責任心和慈悲心來領導員工，要讓人感覺到老闆是大家的老師，不要把老闆塑造成為獨裁者。

（原載《天下》雜誌一七二期）

做決策，依法不依人

「法」是什麼呢？法是一種同於古今、通於天下的原則或理念。它是放諸四海皆準、貫穿古今皆同，永恆不變的真理。

法有母法和子法兩種。母法是基本原則，是團體的理念和方針；子法是一種執行的政策，是以基本原則為依歸的。基本原則是不能改變的，而執行的政策只要在不違背基本原則的前提下，可以因時、因人、因事、因地、因物而稍加變通。

所以，一個決策者在做任何決定時，首先要掌握住基本原則，才不會偏離組織的精神。譬如企業的經營者必須要非常清楚公司的理念是什麼？經營的方針是什麼？然後再根據這個理念、方針，做出種種適當的，以及必要的應變政策。

不要忘記基本精神

政策上的臨機應變是正常而且是必須的，我們必須要隨時有應變的能力。因為環境不斷地在變，人事也不斷地在變，所以我們所製造的產品，以及我們所提供的服務，不論是在外觀、品質上，或服務的態度上，也都一定要不斷地推陳出新，才能滿足日新月異、多元化的需求。不求革新，勢必會被時代的洪流所吞沒。不過，任何一種革新都需要環繞著基本原則，從中醞釀而生。

有時老闆也許忘掉了公司的基本精神而要求你做出不當的決定，如果你是一個非常優秀、傑出的主管，應該給他善意的建議：「我們公司的理念不是這樣，如果這樣做，我們公司的理念就要被迫放棄了。之後要再建立一個理念就很難了。」

不做失根蘭花

所以凡事一定要依法不依人。依人行事是有問題的。一方面是因為個人必然是主觀的，所謂見仁見智，每一個人所持的立場不同，見解就會不同。另一方面，是因為人的思想是剎那生滅的，隨時隨地都可能受到外在因素的影響而變動。因此，依人行事往往會引起許多不必要的對立與紛爭。

為了團體的安定和穩固，建立共同遵循的法則是唯一且必要的途徑。這個共同原則就是團體的理念、方針、共識，也就是母法。它是團體的精神重心，維繫著整個團體的力量和發展方向，是人人必須遵守的原則，絕對不能因個人瞋愛而有所更易。如果團體的理念一直在變動，共識就不容易產生，力量也不容易凝聚，安定更不容易維繫。

當然，決策難免有時會因思慮不夠周延而有所損失，但是為了維繫團體的精神、理念，還是要堅持到底。西方有一句諺語說：黎明前的黑暗是不會太久的，只要基本原則不變、大方向沒錯，最後一定會有所收穫。如果經常更換方向、改變理念，雖然占盡眼前風光，卻如失根的蘭花，生機渺茫。

（原載《天下》雜誌二〇一期）

2

安人 先安心

愈慈悲、愈智慧，愈無憂

通常，人有三種生命：一種是肉體的生命，是由母親懷胎十月所生；第二種是歷史的生命；第三種是智慧的生命。

短短幾十年的肉體生命結束之後，還有歷史的生命，但是僅有少數的人能夠留名青史。所以，站在佛法的立場，我們除了有肉體和歷史的生命，還有永恆的、無限的、超越於時空的智慧生命，我們稱它為法身慧命。

我們剛出生時的生命，就像是一塊未經雕琢的礦石，要不斷地琢磨，才能成為一塊晶瑩剔透的寶石。因此，我們肉體的生命，必須經過一再地學習及鍛鍊，然後在成長的過程中，漸漸產生智慧。

有智慧的人，才能為自己及他人解決困難，否則，這個人一定生活得沒有意義，既為自己帶來痛苦，也為他人製造麻煩。有些人一生下來就特別聰明，這並不意謂有智慧。事實上，聰明的人也可能是煩惱心很重的人；如果聰明而煩惱很少，甚至是沒有煩惱，那才是清淨的智慧。

愈慈悲，愈智慧

智慧是可以培養的，如佛的智慧便是從慈悲產生的，慈悲愈重，智慧愈高，煩惱也就愈少。「慈悲」就是多為他人設想，常替他人處理問題，相對地，困擾自己的問題也會愈來愈少，也就愈有「智慧」了。

如何以慈悲心來幫助他人？一定要通過觀念和方法。如果僅僅用財物，只能解決一部分問題，必須要從心理、觀念、方法等，來幫助他人解決困難，這樣才是根本而能持久。

所以，慈悲和智慧是一體的兩面，是分不開的，只是功能和表現不同而已。有智慧的人，他的內心世界經常能保持平靜、清楚、明白，不受任何環境的情況所困擾，同時能關懷他人，做他人的知音、知己，讓自己深入眾生的內心世界，這就是慈悲心的表現。

曾有一對醫生夫婦來看我，這位醫生太太總是在我面前讚歎她先生、體諒她先生，而她的先生也非常疼愛她、照顧她。他們彼此諒解、相互讚歎，真是一對知心的伴侶，他們互相進入彼此的內心世界。

一般人的愛，是占有、是征服，希望對方諒解自己，要求對方屬於自己。在這個世界上，許多人都是這樣的，並不想進入對方的內心世界，而是強迫別人來接受自己的想法，這不是智慧、不是慈悲。

不同的立場或身分，會有不同的體驗表現，能夠使自己不產生矛盾、衝突、不愉快，這叫作智慧。

當人人在恭維你時，你是否驕傲自滿、覺得很了不起？倒楣的時候，大家都離開你、不理你，把你當瘟神來看，你是否覺得很寂寞、很窩囊，並且怨恨這些人？大丈夫能屈能伸，得意時不會張狂，倒楣時更無需自卑。有智慧的人，不論在任何時間、任何立場、任何情況下，心裡都是坦蕩蕩的，都是自在的，無牽、無掛、無礙的。

有智慧就一定有慈悲。譬如說，做父母的如果有智慧，就能進入孩子的內心世界，那麼，這個孩子一定懂得孝順、感恩；否則，只是要他來體諒你、接受你，或強迫他進入你的內心世界，代溝將會愈來愈寬、愈來愈深。為人子女的也並不是只要買些衣物食品給父母，就是孝順，而是要進入老人家的內心世界，隨時體驗、體諒、體察他們的心情，才是最重要的。

（原載《天下》雜誌一九五期）

面對空頭支票的智慧

人人都會說謊。在佛教裡說謊有三類：一種叫大妄語，一種叫小妄語，一種叫方便妄語。

大妄語是大謊言，會讓人因為這樣的謊言，信為神聖的指令，無條件地順從，以致於傾家蕩產，甚至家破人亡。小妄語是小的謊言、無傷大雅的謊言，就像老王賣瓜一樣，用盡各種方法說自己的瓜甜，好讓購買者心動；可是，等到我們把瓜買回去後，才發現跟試吃時的瓜不一樣。這種小妄語讓人損失不大，卻不應該有。

方便妄語則是為了使對方獲得利益，而用善意的語言騙他一下。例如「望梅止渴」就是方便妄語，這是三國時代的故事。這個故事是說，曹操率軍出征，走了很久的路，全體士兵都很口渴，曹操對大家說，前面就是一片梅園，那裡的梅子熟了，到了那裡就可以吃。是不是真的有梅樹在那裡，不是問題，因為梅子的酸性會刺激口腔內的唾液分泌。讓大家一面想著梅子，一面生出津液來，這樣口渴的情形就可以得到改善了。像這種妄語好不好呢？很難論斷，不過很管用，可以幫助人。通常，醫生為了獲得病人的合作，改善病情，偶爾會採用這種方式來溝通。另外，也經常看見很多父母用這樣的話來哄小孩吃飯。

妄語再巧，天衣總有縫

各種各樣的人都會說妄語。有的人喜歡開空頭支票；所謂空頭支票不是開了真的支票，而是給了虛應的承諾，然後藉故不兌現。他們不僅會編織各式各樣的理由，甚至還振振有詞地責怪他人、嫁禍他人。像這種得了便宜又賣乖、打了人還喊救人，實際上是最高明的說謊者，這種人在我們現在的社會上還真不少呢！

另一類的說謊者，喜歡投機取巧，占點小便宜。凡是要他盡義務、負責任時，他就會說謊。例如大家都應該去掃地，他卻不想去，於是撒一個謊說，我的手被刺到了，到現在刺都還沒有拔起來，根本沒有辦法掃地。像這類的小妄語很多人會犯，而且經常發生，不足為奇。

但這種人終究會自食惡果。任何人都知道，千萬不要相信一個很會說謊的人，否則吃虧就在眼前。所以說謊並不一定能夠占到便宜。

有的妄語則幾乎無法拆穿，往往要等他自己說出來才會被發現。他表現得就像真的一樣，天衣無縫，根本沒辦法證明他在說謊，使得大家深深地相信他，而且上了當之後還感謝他，不過這種情形並不多見。通常受騙幾次以後，總會發現事實的真相。

面對謊言，唯有靠智慧

如何面對說謊的人？常聽人說，受騙一次不是傻瓜。受騙是一種經驗，讓我們學會如何去認識一個人、了解一個人。受騙一次以後，可能還會繼續受騙，但是比較不會受到太大的傷害。因為我們學會了提高警覺心，去深入了解其中的來龍去脈，減低受騙的機率。

對小小的騙局，不一定要立刻拆穿。我們要心存厚道，為人設想留餘地，讓撒謊的人有機會改過遷善；不過，假使受騙的損失很大，就要設法拆穿，因為他可能會傷害更多人。我們不能讓他繼續騙人，愈騙愈多、愈騙愈大。如果他是無意或不得已的，就要原諒他，並且設法讓他知道，這樣做是不對的，以後不要再騙人了。

但是如果一而再、再而三地受騙，這是缺少智慧的人。有些人很傻，明明已經受騙兩三回了，還是不甘心，還要再去看一看、試一試。如此不斷地受騙上當，是因為內心尚存著一絲希望，總認為他現在已經改邪歸正了，如果我不救他，還有誰會救他呢？也有人可能會這樣想，以前他騙我的或許能彌補，甚至可以撈回過去被騙的本錢，因為他現在表現得非常誠懇，既然有悔意，我當然要幫助他。

像這樣不斷地希望、不斷地等待，是沒有必要的。被騙一次、兩次，明知他說謊，幫他個忙倒也無妨，至於要不要繼續受騙上當，是頗值得大家深思的一個課題。

（原載《天下》雜誌一九七期）

放下關卡，舉重若輕

人生的關卡，可大可小。善於處理的人，舉重若輕；不善於處理的人，舉輕若重。

所謂善於處理，就是能夠掌握當前所遇到的難題、關卡，了解它的嚴重性究竟到了什麼程度？這難題、關卡涵蓋了金錢的損失、名譽的損失、事業的損失、健康的損失，還有生命的損失等。

在這幾種損失當中，最要緊的是生命的損失。什麼都可以損失，就是生命不能損失，其次是健康。健康要保養，金錢則是身外之物，事業可以東山再起，名譽則有客觀的及主觀的感受。

從單獨的、客觀的角度來講，被人毀謗好像是名譽受到了損害。若由主觀的立場來看，表面上名譽好像受損，實質上根本沒有絲毫損失。俗話說：「平時不做虧心事，半夜敲門心不驚。」如果確實不是如流言所說一般，真金是不怕火煉的。縱使鬧得滿城風雨，你的心依然穩若泰山，如如不動。在此情形之下，名譽受損，於你何干？不過，如果能夠處理，讓名譽不受害，當然還是最好。

人生的起落是成功的經驗

而事業的起落，就像海裡的浪濤。如果事業沒有起落，就會缺少挑戰性，讓人失去警覺心。事業一帆風順，沒有任何令人驚喜或驚險的情形發生，那並不表示成功。真正的成功是在於經驗的累積，以及豐富的人生閱歷，因此，深諳人情，通達事理，才是真正的成功。

這些人生的起起落落都可以把它當成是成功的經驗，不要把它當作失敗來看待。在人生的過程之中，關關相接，卡卡相連，端賴你如何處理它？如果不會處理，芝麻綠豆的小事都會令你嚇破膽。譬如一片樹葉掉下來，就擔心頭會不會被樹葉砸破了；一隻麻雀飛過去，就深怕麻雀拉一堆屎在頭上，不能見人。假使天天擔心這、擔心那，我們這條命準活不長。關卡有大、有小，小的關卡根本不用在乎，不必理它。要能夠禁得起風吹日曬雨淋，才能彰顯出生命的韌度來。

該做的事照常做

為了一件小事，夜以繼日地傷腦筋或挖空心思地設法突破、解套，那是非常痛苦的事。在我一生之中，也常常遇到難關，而且是相當地多。有的難關甚至會要了你的性命。但是真正要你命的時候，任憑你用盡了方法、使盡了力氣也逃不掉。既然逃不掉，擔心又何用？能躲得掉的，就要想辦法，不必擔心；小心處理，不必緊張，這是我的首要原則。

其次，不能因為面臨關卡，而損傷到健康。健康要保持，不能總是為這樁事在煩心。平日的生活作息要正常，應該要做、應該要處理的事，都要照常，當然，這樁大事也要盡速處理。但是老想著它、惦著它、擔憂著它，過不了多久就會頭髮發白、神經耗弱，更嚴重的是，很有可能會衍生成精神疾病。

為了保持健康，不管是小關卡、大關卡橫在面前，首先要保持平穩的情緒，然後面對它、接受它，接著處理它、放下它。要知道，健康沒有了，性命也跟著沒有了。

難關出現了，不要跟它硬拚。不要做「寧為玉碎、不為瓦全」的傻事；能有瓦全的局面也不是什麼壞事，如果玉碎了，就真的沒有任何機會了，這不是苟且偷生。寧為玉碎、不為瓦全的想法，是非常愚蠢的。就好像本來沒有人要你的命，或者是想要你的命要不到，結果你卻自己把命送給他，這實在太傻了。

我們一定要平心靜氣來處理麻煩事。假如有人在你面前，威脅你的生命，這時候絕對不能慌張。愈慌張，就愈危險。我常講，兵來將擋，水來土掩，一時解決不了的問題，兜個圈子還是解決了，何必那麼痛苦？

求助要找對人

我有一次遇到一件非常棘手的問題。有一個人天天不斷地打電話給我、親自來找我，甚至用武力威逼我。不過我照樣處理每天要處理的事，雖然問題還是擱在那裡，猶如芒刺在背上、有沙子在眼裡。

背上有芒刺不能拿掉是滿痛苦的事，但是飯還是要吃，覺還是要睡，要做的事還是要做。如何拿掉芒刺，光在那兒想是沒有用的，得趕緊設法找人幫忙才行。

可是，漫無目標地找人幫忙也有問題，可能反而會手忙腳亂。找對人幫忙是非常重要的。找對人，芒刺可拔掉；找錯人，不但芒刺拔不掉，或許還會愈陷愈深。

記得我在美國的東初禪寺，有一位義工來替我們做水泥工，一不小心，一粒沙子掉進他的眼睛裡去了。他心想揉一揉眼睛，沙子就會和著淚水跑出來，豈知沙子沒出來，反倒愈嵌愈深。

我知道後趕緊吩咐旁邊的人送他去看眼科醫生，眼科醫生一下子就處理掉了。本來所有的人都慌成一團，急得不知道該怎麼辦？聽了我的意見之後，送他到眼科醫生那兒，不到兩分鐘就處理好了。

所以凡事先不要著急，找對了人，用對了方法，一定可以安然過關的。

（原載《天下》雜誌一九八期）

安己安人，安樂世界

只要我們活在地球一天，就不可能避免天災人禍的危險。在原始時代的人類，雖然沒有現代科技所造成的災難，但在那個時候，也有洪水、毒蛇、猛獸等危險。

在這種環境之下，人與自然，是要彼此適應、改善，而不是鬥爭。

水災、火災、風災、旱災、蟲災、植物病蟲害，在古代有，現代也有，任何時代都會有。過去可怕的蝗蟲過境，現在沒有了，可是卻有新的蟲害。因此現在的人用很多農藥，結果農藥用得愈多，蟲的抗藥能力愈強。一種蟲被撲滅了，另外一類蟲又出現了。愈是被施用農藥，牠們愈有免疫力。而且農藥用太多，蟲雖然殺死了，但是人體也受到更大的傷害。

現在世界上人口愈來愈多，人類的疾病與災害也愈來愈多，很多人擔心這似乎是世界末日的景象。

在二十世紀初，也就是一百年前所記載人類的生活，究竟是什麼樣子？那個時代就沒有天災人禍嗎？當然還是有。

現在的科技愈發達，好像人類所得到的安全保障愈多。其實人類的安全，永遠不可能僅依賴科技的力量。是不是科技愈發達，人類所得到的保障愈多？這尚是值得思考的問題。

人心安定，與自然相應

中國人所說「人定勝天」，意思是說人心若能安定，人的力量比天的力量大。因為人心安定時，是跟自然的和諧相應的。人心和自然相應時，就能順應環境而成功，若人心和自然不合時，就會產生衝突。

在世紀交替之時，很多人覺得危險好像特別多，因此很焦慮。不要這樣想，人要盡人事，才能順天命；從佛教的角度來說，便是促成因緣，接受因果。

要由人心的安定來著手，人心安定、人心平安，在我們的環境中，至少由人類自己製造的災禍會少一些。人心不安定時，製造出來的罪行則會多一些，如搶劫、強暴、綁票、縱火、殺人，都是因為人心不平安，所造成行為的失控。

人心為何不平安？因素很多。我們不能夠說某些人天生就是喜歡叛逆，或說某一些人是受迫害而被逼犯罪的。從佛法來說，是各種因緣把它促成的。例如同一個家庭的兩個兄弟，有可能一個做強盜，一個卻做宗教師。父母的家教固然重要，兒女的好壞也未必僅由父母影響。如果說各方面的因緣都能夠比較平衡，那我們的世界就會比較安定，天災人禍就會比較少些。

天災人禍多的原因：除了人心的問題外，還有非人類可以決定的因素。如果認為可以用人的智慧來控制這個世界，這種想法不是不好，只可惜是永遠達不成的目標。譬如，森林發生大火，至少並不是人類刻意縱火。如果火勢的規模小，可以人力搶救，規模太大，則只有等待下一場傾盆大雨將火澆熄。但如果天氣乾旱，久久不雨，便沒有辦法了。

安心，才能安定世界

天災可能是天然的，也有可能是人為的。尤其現代自然生態的改變造成的天災，例如由於熱帶雨林減少、太空中臭氧層遭受破壞，導致全球暖化等，這都會影響地球上生態的失衡。

天災人禍的因素很複雜，所以大家也不用太神經過敏，草木皆兵。面對天災人禍時，人能夠做得到的還是讓人心安定。自己要能夠心平氣和，人與人之間、人與自然之間要和諧相處。樂天知命，而不是專門去和他人爭奪、和自然爭奪，這個世界便會減少很多天災人禍。

如果人心不平衡，天天在爭取、掠奪，貪得無厭，永不滿足。結果造成人與天爭，人與人爭，夫妻相爭，骨肉相殘。人要改造自然，從自然中取得利益，結果破壞了自然；人要改變他人，其實損害了他人。

人心的安定，必先從個人自己做起，然後才能安定他人的心；由少數人的安定，變成多數人的安定。這和宗教家有關，也和政治家、科學家有關，跟每一個人都有關。不論你是大人物或是小人物，安心，才能安身，安身才能安家、安業，才能安定社會國家，乃至安定整個世界。

（原載《天下》雜誌一九九期）

追求效率中的安心之道

現代人的壽命比古代人長，一天走的路、看的書、寫的文章，一天的任何生產都比過去增加很多，不過還是覺得時間不夠分配、不夠使用。

現代人所用的各式各樣工具也都非常便利，速度卻快得讓人非常緊張，不僅為自己帶來許多的煩惱，也為周遭的環境及相關的人帶來困擾。

現代人的空間感與古人也不一樣。過去的人讀萬卷書、行萬里路是很不容易的事，現代人搭乘飛機，幾千里路、幾萬里路，一下子就到了。

雖然個人的伸展空間比過去寬廣，生活、生存的範圍也比過去大，壓迫感卻比過去沉重許多。

採菊東籬卻不見南山

過去的人種種田，抬頭一望，遠山含笑、心曠神怡，所以說：「採菊東籬下，悠然見南山。」採幾朵籬笆邊的花、抬頭看看南山，非常地悠閒、自在、愉快。現代人即使在家裡種滿了花，卻少了那分對自然的認知，和從自然環境中體驗到的自在與樂趣。

人類的智慧創造了文明的社會，改善了飲食的習慣和衛生，也改善了醫療的環境。但是這些科技、醫療設備所帶來的便利，真的能讓現代人完完全全地感受到幸福嗎？

過去的災害大都是天然的，現在的災害則有很多是人為的。過去的氣溫、風和雨，跟人為無關，現在的冷熱變化，卻都跟人為的干擾有很大的關係，譬如臭氧層的破壞。

制度、科技原來是幫助我們改善環境的，結果卻讓我們好像騎在老虎背上，愈往前走，危險愈多，安全感愈少。因為安全感愈來愈少，所以愈拚命追求安全；愈追求安全，安全的程度愈低。這不是悲觀，而是事實。

現代人終日忙碌，對生活環境的寧靜感和安全感愈來愈少，很容易就覺得煩悶、困擾，隨時隨地都承受著壓力。缺乏安全感，原因何在？不是沒有飯吃、沒有警察、沒有制度，更不是沒有法令，而是失去身心的平衡。

許多人過得很不快樂、過得茫茫然，不知道為什麼要活在這個世界上。這就是煩惱。如何在現代這個社會，讓自己心理平衡，減少一些煩惱，生活得輕鬆自在？首先要「安心」。

會失去的就安心讓它失去

要如何安心？

第一，要能知足常樂。知足常樂，雖是古人說的，如今還是很有用處。事實上，人需要的東西不多，但想要的東西太多，因而造成自己的忙碌、緊張，給自己帶來很多的壓迫感。其實我們只要盡自己的力，結果能過什麼樣的生活就過什麼樣的生活，能夠得到多少就得多少，就會快樂一點。

這不是說應該得到的不要，而是不應該得到的，或明明知道目前得不到的，就不要執著一定要擁有。知足並不等於放棄生存的權利，也不等於放棄工作的責任，更不等於放棄努力進步的機會，而是順應自然、適應社會，因應所處的環境，那麼，生活大概不會有太多無奈和痛苦。

第二，心要向內看，不要向外看。心總是向外看，就不會有安全感，因為安全不在心外，外在的時空不可能有絕對安全的保障。譬如要外出旅遊時，擔心發生交通事故而去買保險，這樣就安全了嗎？因為知道不安全，才需要有各種的保險。這是顧慮一旦遭遇意外，可以得到醫療的補償；萬一不幸死亡，家屬也能得到保險金，不至於立即陷入窘境，並不能真正防止意外的發生。

其實，生活要踏實，唯有自求多福。自求多福就是居安思危，隨時做好心理準備，接受「發生不安全的事是正常的」這項事實，一旦發生了，也不至於手足無措。不要指望我們的環境會給我們安全，也不要指望他人來保障我們。唯有自我追求內心的平安，比向外追求安全更可靠。若能時時刻刻安住於現在的時間與空間，我們的心就更容易安定踏實。

尋求內心的充實與滿足

第三，心中要有所寄託。這個寄託不是金錢、地位、名望等向外追求的東西，而是由自己內心創造出來的，例如興趣或信仰。如果有興趣或信仰，不管任何時候，心比較不會浮動，也不會覺得無奈、無助。

興趣是可以培養的，例如：文學、藝術、運動等，選擇和自己比較契合的項目，任何一種興趣都可能被培養起來。興趣可讓自己在無事的時候、無助的時候，心靈得到安定，過得舒適踏實。萬一真的一無所有，自己的興趣還在。

蒐集骨董、郵票、硬幣、銀幣等，雖也被稱為興趣，但這種興趣是占有的滿足。擁有的時候，覺得很快樂；擁有之後，又想要更多。內心貪得無厭，永遠無法滿足，也不能從中獲得安定的喜悅。

興趣不一定是有形的東西，譬如利用閒暇時間當義工，去幫助需要幫助的人，洗洗衣服、打掃廁所、清理環境等。這不是向外追求，而是奉獻自己來尋求內心的滿足及充實。像這種助人的興趣培養起來，對心的安定會有很大的幫助。

另外一種寄託是信仰，尤其是宗教的信仰。不管信仰什麼宗教，都能做為我們最終、最實際的歸屬。

有宗教信仰的人，對於死亡、危險，不會有莫名其妙的恐懼。譬如信仰神的人，認為一切都是神的安排，輪到自己倒楣時，再怎麼擔心也沒有用。如果信仰佛教，則認為這是因緣果報，因果沒有輪到我，不需要擔心，因為根本沒有事；如果輪到我，擔心也沒有用，又何必擔心？對於死亡，信仰神的人說很好，可回歸天國；信仰佛教的人也說很好，可以往生西方極樂世界。因此，有宗教信仰的人，可以減少很多危險、恐懼、不安的情緒。

在中國人的環境裡，因為儒家背景的關係，對於宗教信仰比較淡漠一點。但是，能培養出像孔子那樣偉大的思想修養，沒有宗教信仰也沒有關係，它本身就是一個宗教。如果尚未到達那種層次，人還是需要宗教信仰，讓我們能夠減少一點煩惱。

（原載《天下》雜誌一七八期）

經營事業如何減壓？

好逸惡勞、厭苦喜樂是人的習性，除非是意志力比較強的人，否則很難克服。面對外來問題時，有的人是以責任感來處理，有的人則是因恐懼或不安而推拖逃避。恐懼、不安、過重的責任感，這些加總起來，就變成壓力。

人往往因為沒有清楚認識自己而不能肯定自己，或是對自己的能力、智慧、優缺點了解得不夠充分，所以很容易高估自己，不是誇張自己的才華，便是膨脹自己的能力。結果在現實之中，就經常會感到挫折與困擾，於是產生了一種恐懼感。恐懼將來不知道會發生什麼事？恐懼自己的手伸出去，會不會被別人打一拳？恐懼自己的腳伸出去，會不會被踩一腳？因為無法預先想辦法來掌控它，所以隨時隨地都處在一種壓力的狀態下。

少一點得失心

減少壓力的辦法很簡單，就是少一點得失心，多一點自知之明，然後在確定方向之後，全力以赴。

少一點得失心的意思是，不一定非要成功不可，不要有只許成功不許失敗的心態。如果抱持著非成功不可的心態，壓力是非常大的。成功不是僅僅靠個人主觀的意念或努力，就能達到。不管是哪一方面的成功，都是有外在的、客觀的許多因素相互配合，也就是我們常說的天時、地利、人和。成功不要驕傲，失敗也不必痛苦，如此心裡就不會有很大的壓力了。

多半年輕的創業者，並沒有想到自己擁有什麼條件，也不管會發生什麼事，只是想也許可以試試看就去做了，反而開創出一番大事業。

所謂「初生之犢不畏虎」，年輕時，有擔當和嘗試的勇氣，能闖出一片天下來。年紀大了以後，畏首畏尾，考慮太多，反而成了阻礙。

成功的創業者，觀念新穎，總是走在時代的前端，帶著眾人向前跑，而眾人也促使著他不斷往前跑。他們知道成功是集合環境、集合各種各樣的條件而來的，因此成功固然很好，不成功，也沒關係，根本不會感受到有任何壓力。所以，少一點成敗得失的心，成功機率自然會增加。

找到自己的方向

所以要對自己有自知之明，知道自己的才能，知道自己的人緣，知道自己的財力資源，知道自己本身所處環境的條件，衡量看看這些因素是不是許可自己成功，而且能成功到什麼程度。

人追求成功，自然會面對壓力，所以要充分了解自己，多一點自知之明，然後找一個方向全力以赴。所謂的方向，是一面成長自己，一面又能奉獻自己，成就他人。也就是說，對自己有利，對他人、社會也有益的，就是我們奉獻的方向。

有的人剛開始學醫，結果變成政治家，如國父孫中山先生；有的人原來是學文的，結果變成商人。人生的過程中，一個階段又一個階段，機會很多，但機會是一回事，能不能掌握一個穩定不變的原則，又是另一回事。如果原則、方向一變再變，那對社會大眾的奉獻就有限，自己的心理壓力也會增加很多。譬如我從小就能寫文章，雖然可以當作家，但我認為自己當作家不如當一個和尚更適合，所以還是選擇了出家。因此看哪一方面讓自己最能安心，而且對他人更有利益，就往這個方向走。

另外，專長和興趣最好能配合得當。例如現在沒有興趣做別的事，只對某一項工作有興趣，那就去了解這項工作、朝這個方向發展。鎖定方向培養專長之後，就要盡力發揮、盡量努力深入，持之以恆，透天徹地去做，也可以不必管成敗的壓力了。

一個人只要鎖定方向，在努力的過程當中，一定會有許多的磨鍊、挫折，這都是正常的事。在心理上要預備好會有困難出現、有挫折發生、有變故等，如果有這種預備的心理，就沒有什麼壓力。預料中的事情發生了，能夠處理的就處理，不能處理的事就接受，然後暫且放下來，待因緣際會時再處理，這叫作智慧。

不要把希望變成壓力

壓力通常來自對身外事物過於在意，同時也過於在意他人的評斷。譬如一個人希望社會、他人的肯定，把自己的價值交給社會、他人來評斷。當社會給你不好的評斷時，心裡就很痛苦，自己的地位、財產、名望下降時，也覺得很痛苦。

事實上，這些都是別人給的、環境給的，未必是自己的，何必放不下？人出生的時候，沒有財產、沒有名望、沒有地位、沒有身價，什麼也沒有。有了之後，成功時還可以，當自己沒落時，就很痛苦。怕沒落、怕倒楣，就產生了壓力。所謂壓力，就是害怕不能伸展、成長，就是害怕遇到困難和挫折，這都是源自於希望成功，求得保障的心理。

有的人在他人的期待和自我的要求下，事情還沒發生，心理壓力和負擔就已經很大了，因為擔心事情沒有完成，責任沒有盡到。事情即使沒有完成，只要是盡心盡力，就已經算盡了責任。就怕自己沒有盡心盡力、沒有全力以赴，那才是遺憾的事。但如果事實已經是這樣，那也要將它放下。希望、期許都是正常的，不要把它視為壓力，否則會減少自己奉獻和努力的心力和體力。

（原載《天下》雜誌一七七期）

講倫理，不論理

現代人生活的環境擴大，接觸面變廣，所以感覺人際關係非常地複雜，人與人之間顯得相當冷漠。

為什麼現代人較不願意主動付出友善、付出關懷來與人接觸？第一個原因是覺得麻煩；第二個原因是怕惹來不必要的困擾。所以大家就愈來愈陌生，愈來愈疏離，即使生活在同一個屋檐下也不例外。

「倫理」與「論理」

以夫妻來說，現代家庭大多數是雙薪小家庭，白天夫妻兩個人都外出工作，雙方在外面的接觸及見識增廣，因為業務、同事的關係，接觸異性的機會也相對增加。在外緣很多，又各自忙著自己的工作及應酬的情況下，彼此相處的時間隨之減少。因此，夫婦之間的感情就比較脆弱，彼此之間的信任度也就愈來愈差，溝通方式也漸流於「論理」。所謂「論理」，就是據理力爭，凡事講道理、論公平，動不動就計較誰對誰錯。

要用什麼態度來維繫家庭中的人際關係？我主張應回歸「倫理」，而不要用「論理」的方式。

如果每個人在家庭中能把握住中國人一向的倫理觀，夫唱婦隨、父慈子孝、兄友弟恭，每一個人都能各盡其分、各盡其責、各自負起自己應負的責任和義務，不要一味地要求其他成員要負什麼樣的責任，那麼家庭中的人際關係就會很圓滿。

社會變動，人心不平

過去的農村社會，日常活動非常單純，小至一天的日出而作、日入而息，大至春耕、夏耘、秋收、冬藏的一整年活動，依著時令節氣，井然有序地更替進行。而且家庭的用品、設備，也相當地單純，數十年如一日，沒什麼變化。

現在的社會則不一樣，日新月異，許許多多的新產品不斷地出現，家庭中爭議不平的事更層出不窮。例如每一個人在家庭中所獲得的不可能完全相同，總是有多有少，於是，少的人會認為這是不公平的。當自己所付出與所獲得的不能平衡時，就會變成「論理」，而忘記了「倫理」。

事實上，人與人之間，不能老是講道理、論公平。而是要問一問自己，所負責的事是不是已經盡了全力、做到最好？若能處處盡責任、守本分，那麼自己的心就會很平順、很安定。否則，在家裡跟家人吵架，到了公司又跟同事們計較，凡事爭名奪利，那麼人際關係便會惡化。

夫妻、父子、兄弟姊妹之間，都是倫理關係，彼此應該各盡其責、各司其職、各守其分，不是專講道理、專論平等。如果夫妻在家庭生活、工作、收入、支出上，樣樣都要求平等，那麼夫妻關係就不是「倫理」關係，而是「論理」關係。

一般夫妻吵架，都是為了一些小問題在計較；兄弟之間吵架，也是在計較多、少、對、錯，或公不公平等，而導致心裡不平衡。這就是「論理」，而不是「倫理」。

倫理可由家庭推廣到校園、職場，延伸到社會國家。人與人之間的相處也是要講「倫理」，而不是光講「論理」。若能處處講倫理，那麼對上、對下、對左、對右，都是在盡責、付出、關懷、照顧，而不是在爭取計較。

付出愈多，得到愈多

通常，我們付出愈多，就能得到愈多。雖然不一定成正比，但無形的回饋一定能成正比地獲得，甚至能獲得更多。所謂無形的回饋，就是人格的成長、思想的成熟。一個人時時在成長，一定能使自己更安定、更快樂、更穩重、更寬容。

在人際關係上，雖然大家都說你不好，如果你不埋怨別人，漸漸地，說你不好的人就會愈來愈少。如果我們一直覺得別人不好，而沒有檢討自己是不是也犯同樣的毛病，那麼人際關係一定愈來愈差。當然，人際關係不好，對自己來說，不一定是死路一條，但至少會過得很不快樂。

有些人在家待得不舒服，故而離家出走；到了外面，也覺得工作場所不如意，常常想換工作。這樣不斷地換工作、換環境，到最後走投無路，這是不善於與人相處，不善於接納人、包容人。原本他希望人人都能接納他、喜歡他；結果變成人人都不歡迎他，反而想盡辦法排擠他。所以人際關係要好，就要把心量放大，多接納人、包容人。如果只一意地要求別人接納自己，最後反而會造成反效果。

一般而言，人際關係之所以尖銳化，都是由於自己的貪、瞋、癡、慢、疑，因此疏忽了人與人之間的倫理關係，忘掉自己的責任、忘了自己的本分，而老是在爭取、在計較。凡是心態上無法為人設想的人，通常煩惱都很重，各種各樣的煩惱都會出現。譬如看到別人得到好處，自己沒得到，就起嫉妒心。看到別人好，就起瞋恨心，覺得忿忿不平，不能平衡。自己已經擁有，但總是覺得不夠、不滿足，於是產生強烈的貪欲心，老是覺得：別人的，比自己還好；別人能有的，自己也應該有。這都會產生不平衡的情緒，因此造成無法與他人歡喜相處。

總而言之，人與人的關係不是專講道理、專講公平的，而是要講倫理。只管自己有沒有做好，不要管別人有沒有做好。自己做好是應該的，不要用自己的標準來要求、衡量他人沒有做好的原因。我常講，不要拿自己的鞋子叫別人穿，不要把別人的問題變成自己的問題，而讓自己忿忿不平，這樣才不會使自己的人際關係惡化。

（原載《天下》雜誌一九九期）

事業經營的順境和逆境

從有人類以來，人間的悲劇就不曾間斷。人為什麼會製造悲劇？為什麼會發生悲劇？這其中的因素非常多，有社會的、家庭的、身心的，或其他一些外緣因素。人會發生悲劇的原因，常常是因為自己束縛自己、自己困擾自己，當想法進入死胡同、鑽進牛角尖，或是剛好受到某一本書、某一句話影響，或是正好有一條導火線，便會馬上反彈、爆炸，如果沒有遇到另一個好的因緣來疏導，最後終會導致悲劇的發生。

應如何疏導？首先要認知，我們處身的環境是個無常世界，不論是好現象、壞現象，都是無常的、會變的，不用太得意，也不必太失望。但若僅是認知，而沒有安定的心，仍然無法產生疏導的力量，因此，還需要進一步在精神上、心靈上修練。

泰然面對眾生相

要如何修練？我常說，人要站穩現在而往未來看。有的人總是想到過去，有的人則常擔心未來。其實，未來的事不可知，但要對未來懷抱希望，也要有最壞的打算和準備。想想，還會有什麼事比死亡更可怕？如果不幸必須坐牢，也還沒有到死的程度，何況坐牢也還沒有發生。現在還沒有發生的事就不需要緊張，只要檢討過去、計畫未來，面對當下，步步踏實地向前走去，便是人生的歷練，就是一種修行的生活。

此外，如何使得自己的身心不受他人干擾，也很重要。不管發生任何情況，都應當作是一種人間相、一種世間相，當作是處處都可能發生、隨時都可能發生的平常事。如何在沒發生狀況之前，未雨綢繆化導於無形；如何在發生狀況以後亡羊補牢，用自己能夠運用的資源來處理、化解這些問題，心中只有需要處理的事，沒有被這些問題所困擾而造成的心結。

解決的方法很簡單，就是面對當下的世間相、眾生相，接受它、處理它，然後放下它。一般的人都可運用這種觀點來為自己化解心中的問題，甚至幫助他人來化解問題。因此一個人的人生修為也可以影響另一個人，甚至是全家、全社會中的許多人。古今中外許多偉大的人格就是如此產生的。

許多人在諸事順利時，傲慢、自尊、自負、自信，總覺得他們自己是可以主宰一切、安排一切、負責一切的，因而疏於自我的約束和檢點；一旦遇到重大的挫折時，就會錯愕不已、自我失控而惹下大禍。

一個有修養的人，對於一切不如意的事，不求自己眼睛看不到，不求自己耳朵聽不到，不求自己接觸不到，但求自己不會被這些不如意的事所擊倒，但求能夠讓自己以及相關的他人，都能履險如夷，並且免受負面的影響而產生困擾。

順境中不自我膨脹

人如何能使自己免於困擾，也不困擾別人？最重要的是不要誇張自己，不要膨脹自我。不膨脹自我，就不會擔心自我被他人縮小。你的能力再強，也當做個平平常常的人，縱然你已出人頭地，還得要敬上謙下，尊重他人。你的工作重要，錢也賺得多，但是不要膨脹自我，因為事業是整體社會所共有，自我只是整體社會的一分子，不可抹煞了整體而凸顯個人的自我。

若你做了大事，尚能體認自己仍只是一個平凡人，那就是一位具有大丈夫胸懷的偉人，能夠認清凡事有順、有逆；職位有陞、有降；事業有成、有敗。順逆、陞降、成敗都只是過程而已，如此就能時時安住於當下幸福的人生了。

也就是說，心裡知道不自我膨脹，也就不會自我貶抑。知道一切都是無常的，遇到困難，就不致灰心，遇到順境，也不會張狂。經常要有危機感，那遇到倒楣、失意、落魄的時候，也不會張皇失措。經常要有新希望，遇到萬事如意時，也不要自滿驕慢。如果能有這樣的修練工夫，人間的悲劇就不會在你的生命中出現了。

（原載《天下》雜誌一八三期）

如何提昇人品？

提昇人品，不一定是在今天的社會裡才需要，在古代的社會也同樣有人在提倡。而未來的世界究竟會發展到什麼樣的程度，誰也不知道，不過，我相信只要有人生存的時代、有人活動的地方，人的品質一定要提昇。人的品質如果不提昇，生活的品質也就無法獲得改善。

提昇人的品質

所謂人的品質，是指人的品格、品德與品行方面的素質。如果這些素質不能提昇，人跟動物又有什麼差異？動物和人最大的差異是沒有思惟的能力。人從小就可以藉由各種熏習、教育、訓練來培養內在的涵養以及外在的才能。動物當然也可以接受訓練，但因先天條件的不足，局限了牠在品德、品格上的熏習。人身難得，是因為人可以經由各種學習管道來提昇自己內外在的品質。

常言道：「活到老，學到老。」人的學習生涯是沒有止境的，這是一種終身學習的概念，因此，人品的提昇也是沒有止境的。雖是泛泛之輩，只要肯用心學習，照樣可以成為君子、賢人，乃至於聖者。《孟子》曾說：「舜何人也？予何人也？有為者亦若是。」就是這個道理。

俗云：「人上有人，天外有天。」它的意思並不是指地位方面的高人一等，而是說在品行、品格方面，我們應虛心學習，使其優良更優良、高超再高超。人上人是慈悲與智慧的化身，他能以平等心待人，沒有自私心、傲慢心等偏執心態。

人格的修養只有在人與人互動時才能彰顯出來，所以在團體中，人品的高尚與卑劣很容易看得出來，而在獨處時則很難被發現。在今天的社會，如果我們不想辦法提昇自己的人品，與我們相處的人，就很容易受到傷害。

池塘裡的陣陣漣漪

工商社會，一切便利。人與人之間的交往，可以藉由種種交通工具和傳播媒體來傳達彼此之間的訊息。在古代，因為傳播工具有限，縱然人品再壞，影響層面也只不過是方圓百里，衝擊面比較小。但是在今天的社會，一舉手、一投足，很快就會傳遍千萬里，最後演變成社會上，乃至於國際間的大問題，有時候還會產生一些負面的後遺症，對未來的影響很大。

此外，一個不當的行為，縱使經歷時空的更迭，人的記憶也已淡忘，但歷史性的影響還是會延續下去。

就像我們丟一塊石頭進入池塘時所產生的漣漪一樣，石頭大，產生的漣漪就大；石頭小，產生的漣漪就小。然而，不管石頭或大或小，都會讓池塘的水產生波動而向外擴散，擴散到最邊緣以後，衝擊會再聚集回來，然後又擴散出去。

如此周而復始幾次之後，波動變得愈來愈小，到最後受過震動的水面，雖然恢復往常的平靜，然而水面畢竟已受過震動，水中的生物也已受到影響，與未受過震動的水面是不一樣的。由此可見，不當行為之影響所及又何止地球的一方？又何止發生的當下呢？所以人品的提昇是相當的重要。

提昇人品，由自己做起

提昇人品，要由每一個人自身做起。但是今天的社會，大家的眼睛幾乎都是往外看，很少有人會往內看。譬如面對今天社會的混亂，我們常會說，都是他人不好、政府不好、官員不好、民意代表不好，或說因為黑道分子非常猖狂，我們的社會才那麼恐怖。

但是我們冷靜地想一想，自己是不是能夠保證，絕對不會變成那麼壞？相信每一個人都會拍胸膛保證，也幾乎都說過「我從來沒有做過這種事，我從來沒動過這個念頭」這樣的話，果真如此？不一定，那是因為至今還沒有人影響到我們。假如有人影響到我們，我們的心態會不會絕對不變？這是很難掌握的。

有很多重刑犯，在沒有犯案之前，也跟我們一樣，沒有做過壞事。但是，由於種種因緣的配合，特別是逆緣的現前，於是在他的內心產生了各種反常的效應，最後犯下了重案，破壞了社會的安寧。這種情形看似在偶然的情況下發生，其實是自己沒有經常保持警惕的心，也可說是缺少了危機感。假使我們能夠經常檢點自己的心，經常提高警覺，學會對外在的威脅利誘說「不」，就不會隨波逐流終至墮落惡道。而不墮落的人，一定能自我要求，提昇自己的品質。

三種途徑提昇人品

人品提昇運動在今天的社會裡，是非常迫切的。若人人不想提昇品質，我們的社會將會混亂得不堪收拾。但是，要如何提昇人品？

第一，要認同提昇自我人品的重要性。

對自己的現在與未來，以及對自己的家庭要負責、盡職，不要一味地將責任推給他人，也不能不檢討自己的錯誤卻刻薄地指責他人。每一個人的心裡都要非常清楚明白，如果自己的品質不提昇，很有可能禍延子孫，不僅是後代子孫會受到基因的遺傳，目前的子孫也會有樣學樣。為了使自己少製造一些人為的災難，就應該提昇自己的人格。

第二，要不斷地自我反省。

古聖先賢說：「吾日三省吾身。」我們雖然不是聖人，無法做到每日三省，至少也當每日一省。我們每天要反省自己當天或剛才的一言一行是不是合理？是不是能夠讓人接受？我們不一定要成為模範或榜樣，但要從客觀的角度來看一下，像自己這樣的人品，自己是不是能夠滿意？如果換成其他的人來看，是不是也能夠接受？

第三，在生活中要有一些為人處世的準則。

例如什麼是能做的事？什麼是不能做的事？什麼事應該想？什麼事不應該想？害人不害己、害人也害己的事不應該做，也不應該想。利己不害人的事，勉強可以做；利己害人的事，則不應該做。而利己利人的事應該多做、多想，更進一步還要能夠不為自己的利害設想。

考量整體的利益

做任何事，不考慮自己的利害得失，而是考慮對自己的家庭、對自己的團體、對自己的國家社會，乃至整個世界是否有利？如果對自己的家庭有利，對自己的團體無利，則不能做。如果對自己的團體有利，對自己的社會無利，也還是不能做。如果對自己的家庭有益，也不損害社會與團體的利益，那就沒有關係。換句話說，不要總是為個人的利害設想，要考慮的是人類整體的利害得失。

經常由這三個層面來考量，人品自然而然就會提昇。假使做錯事、說錯話、動錯念頭，也就是說，不應該做的卻做了，不應該說的卻說了，不應該動的念頭卻動了，就要檢點、要懺悔、要修正。如果常常做這樣的反省，自己的人品自然會提昇。

（原載《天下》雜誌一八七期）

3

企業家的人生大格局

心量要大，自我要小

通常人都只看到自己，看不到他人。任何的思緒都是圍繞著個人打轉，種種的追求也都跟自己有關，包括財產、眷屬、榮譽、權勢、名位等。

事實上，人出生時只是一點點，活著時也是一點點，死的時候當然也是一點點；站起來時是一點點，躺下來時也是一點點，不管走到哪裡都是一點點而已。

但是，幾乎每一個人都覺得自己很大、很了不起，好像天下是他的。

當我們呱呱墜地，稍微懂事以後，自然而然會把家當成是自己的。長大之後，進入社會，又會把公司當作是自己的，把團體當作是自己的，把國家當作是自己的。

其實，一個家庭、公司、團體或國家都是由很多人組成的，除了我們自己以外，還有很多的人。如果我們只看到自己，無形中就會以為自己代表了一個家庭、公司、團體，甚至代表了一個國家。很多人都有這種想法，都會如此膨脹自己，這是很愚蠢的，而且也是自害害人。

但是，人通常都是這樣，從小就開始不斷地學習自我膨脹，於是產生了貪得無厭、倨傲不遜的心。對於得到的東西永遠不會滿足；得不到的東西就想盡辦法拚命去追求。縱然如願達到心中想要的位置，卻還一直希望追求更多，希望再往上爬，最好能夠爬到天上去。希望能夠統一全世界，即使一時做不到，至少也希望能影響全世界，讓全世界的人都知道有自己這個人。這種人的心態非常狂傲，目中無人，很難與人和睦相處，所以煩惱也特別重，就像燒不盡的野草，春風一吹，滿山遍野。

把心量擴充到像太空一樣大

要解決這種煩惱，唯有擴充自己的心量。如何擴充？

第一，實實在在地衡量一下自己的體重。任憑我們身材多麼巨大，頂多只有二、三百磅重。三百磅並不多，如果經過脫水、烘乾，剩下的只是一點點，一、二百磅更不用說了。

第二，可以把自己想像成地球上的一個小點，就像滄海一粟，甚至還不如一粟。一個一、二百磅重的身體，在地球上所占的空間只有一點點，我們自以為很大，其實是很渺小的。我們看螞蟻很小，事實上我們並不比螞蟻大多少，若跟地球相比，實在太微不足道了。然後再把心放到太空去看，太空中有無量、無數的宇宙體，在太空中，我們是看不到地球這顆小行星的，只能看到紅紅的太陽和其他可以發光的恆星群。

這不是要小看自己，而是把自己的心胸放大、放寬，放到跟太空一樣大。太空不是一個實體，它沒有一定的範圍，它是浩瀚無垠而且是空無虛幻的，這樣的心量才會廣大。

簡單來說，就是想像我們的身體在地球的某一個點上，然後再想像地球只是銀河系中的一點，而四周還有無限的星系。在無垠無際的宇宙之中，讓我們的心化為太虛，可以包容宇宙。如此我們就比較能包容人，也比較容易成就人、幫助人。

當然，成就人是無止境的，因為在地球上有幾十億人口，在宇宙中，應該還有其他的人類和生物。故謂「虛空有盡，我願無窮」，也就是說，眾生有盡，而我自己的悲願心、智慧心是無窮盡的。

短短幾十年的生命，轉眼化成了無限，也就不會總是把他人的東西當作是自己的，更不會把短暫的現象當作是永恆的事蹟。人生如此，還有什麼不滿足的呢？

（原載《天下》雜誌一九〇期）

要積極，不要執著

有些名詞看來相近，意義則完全不同。在現代社會裡，往往因為意義的混淆而影響了許多人的人生觀。譬如：積極和執著、貪心和願心，粗看相同，其實不然。

健康積極的態度，不是堅持己見的執著；執著的態度，未必就有積極進取的精神。現代社會變遷迅速，競爭異常激烈，相對地，人與人之間的摩擦就愈來愈多。主動地設法化解因摩擦而產生的誤會，便是積極的態度；被人誤會而不懷恨，便是不執著。例如罵人固然不應該，被人罵時也要有雅量接受。被罵之後，先不要生氣，過了一段時間，再透過第三者，或者找適當的時機親自向對方說明致歉，也許誤會從此冰釋。當然，也有人會想，錯不在我，為什麼要我向他道歉？事實上，讓人產生誤解，就是自己的不是。而且，不論爭執大小，和解才是雙贏兩利的最好結局，所以說：「冤家宜解不宜結。」有這樣的認知，自己才會比較心平氣和，同時也能讓對方心平氣和。人人若能如此，我們的世界就會更加祥和。

而貪心是據為私有，願心卻是發展抱負。發願的願心即使是為自己，目的也在提昇自己的才能、人品、智慧和慈悲；貪心則是不管人品提昇或不提昇，不管得到或得不到，不管合理或不合理，通通都要，完全忽略了能與不能、該與不該。從另外一個角度來看，貪心是將不是我的變成我的，願心是把沒有的東西變成有的東西。只在乎自己和兒孫有飯吃，不管其他的人有沒有飯吃，這是貪婪；想辦法增加糧食讓大家都有飯吃，這是發願。可見患得患失的貪心是執著的煩惱；全力以赴的願心是積極的態度。

認清不上進的藉口

積極和執著完全不同。執著是以自我中心為主，從自我的權、勢、名、位、利出發；積極不一定是自私的，而是為了成長自我與奉獻人群。幾乎每一位小學生都會這麼說，我長大以後要奉獻國家、奉獻社會、奉獻人群等，不過大家心裡都很明白，這只是表示未來志向的口號而已。假使這些口號能和自己的人格結合為一，成為宏大的願心，這就是積極。

現在許多人誤解不執著的真義，把它當成不上進的藉口。別人往上爬，自己不一定要往上爬。或許有人還會得意洋洋地說：「做董事長、總經理有什麼了不起，他們吃飯睡覺，我也一樣吃飯睡覺。」人人都在努力求進步，自己卻自暴自棄，還說是不執著、看得開、放得下，這是一種自卑、懦弱、不健康的心態。他們沒有想到，人是可以經由學習而不斷成長的。不只名利、地位，人在才能、人格、心量等各方面都可以不斷地成長。倘若不積極促成因緣、不把握機會向上成長，明明是害怕吃苦，卻用不執著這三個字一語帶過，這叫作「卑劣慢」；不只自卑，而且用傲慢的態度來掩飾自卑。

人世間如果有太多這一類的人，社會是不會進步的。真正的不執著是在盡心盡力、全力以赴之後，不計較成果如何，都能以平常心看待。也就是說，成功不驕傲，失敗也不氣餒。

當我在日本完成博士學位時，沒地方可去，有一位老同學就說：「老兄，你現在好像學會了駕駛，取得了駕照，但是沒車可開。」當時，我的第一個念頭不是搶別人的車子來開，而是沒車開就不要開，但是希望有一天能有許多車子讓別人來開，這是我的目標。我一有了目標，就為自己帶來了積極開拓前途的動力。至於會不會成功，那就不必浪費心力去想它了。

（原載《天下》雜誌一八六期）

新年「心」計畫

一元復始，萬象更新。為了迎接一個新年度的開始，一般而言，政府或民間組織都會預先訂定年度計畫。當然，有好的開始，成功必然有望。如果個人的成長也能有年度計畫，相信一定會有很好的成績。

個人訂定年度計畫必須要有主題，但是這個主題並不一定要和事業有關。它可以是一種理念，也可以是一種精神指標。譬如發願在今年內要去除自己長久以來的惡習，像戒酒、戒菸、戒賭等。

另外，也可以發願，在對自己的家人關懷、禮讓之餘，對社會也要誠心相待、負責盡職。大多數的人都比較關心個人的利益或家庭的利益，在為自己的利益打算時，才會變得比較積極。事實上，如果我們能夠把眼光放遠大一點，個人的利益和整個社會環境是不可分割的。我們若有這樣的認識，每當謀求個人利益的同時，一定會考慮到整體社會環境的需求。

立下關懷大眾的生命目標

一般人的心態就像漏斗一樣，或是一個倒立的金字塔，總是希望把所有的利益從四面八方歸向自己。如果是這樣，你就會缺乏安全感，隨時隨地擔心它會倒塌下來，實在是得不償失。雖然你擁有一切的利益，可是其他的人也很希望和你一樣，因此就很可能動到你的主意。壞人會想到你，窮人也會想到你，逐利之徒也會想從你身上得到利益，你將變成眾矢之的，這是多麼可怕的事。

相反地，如果你一想到利益，就想到全家、想到社會、想到全人類、想到所有整體，你自己就會像一座金字塔，穩若泰山。就好像你是站在人類社會的金字塔尖頂，照顧所有的人；一直能為社會大眾著想，勢必將得到大眾的擁護、愛戴、尊敬和回饋。

因此，在新的一年裡，你可以為自己立下一個關懷大眾、屬於精神層次的人生目標。要把眼光放大、心胸放寬，為整體大眾設想考量。假使有這種人生觀，就會享受到其他人享受不到的生命的光和熱。

一個人的成長，不一定光是財富的成長，更應該有身心健康的成長、道德人品的成長、知見觀念的成長。你這個人如果本來是自私的、貪婪的、瞋怒的，要變成無私的、奉獻的、寬容的。為了無私，你必須努力；為了奉獻，你必須努力；為了寬容，你必須努力。這樣你就能幫助他人成長，同時也一定使你自己成長。

（原載《天下》雜誌一八九期）

歡喜地吃，自然地吃

俗話說：「民以食為天。」飲食是人類最基本的生存條件之一，衣服沒得穿，沒有關係。但是，如果沒有飲食的話，人類就不能活下去了。

雖然說吃很重要，不過身處二十一世紀初的我們，對於飲食的觀念應該要有一點改善。每一個時代的飲食觀念都不大一樣；工商社會的人，講究速食；農村社會的人，講究實在、美味；我則主張飯、菜要吃出味道來，要吃出營養來，而不僅僅是靠烹調出來的味道。最差的廚師是用很多調味料調出味道來，好的廚師則能調出營養來、煮出味道來，然而最好的味道和營養是自己吃出來的。

要如何吃出營養？吃出味道？這要由我們吃飯的心態及我們吃飯的動作來改善。一般人吃飯時都是心不在焉。一邊吃飯，一邊講話；一邊吃飯，一邊思考；一邊吃飯，一邊看電視；甚至一邊吃飯，一邊開會。這都是工商業時代的一種毛病。這種吃法，對腸胃是一種虐待，會使腸胃消化不良。因為我們用頭腦思考時，頭部需要用血液，而胃部消化時，也需要用血液，這兩個部位搶著用血液，對身體一定不會有好處。所以，最好的方法是，吃飯的時候就吃飯，工作的時候就工作，不要一邊吃飯，一邊做事。

歡喜地吃出味道和營養

真的會吃飯的人，是一邊細細地嚼、快快地嚼、輕鬆地嚼，又能一邊津津有味地吃出營養、吃出美味來。由於嘴裡的唾液本身就具有消化的功能，因此，當食物進入嘴巴裡面就已經開始消化的過程，到了胃裡面就能夠輕鬆地被消化，然後再進到小腸被吸收。經過這三道手續，就能夠徹底地把我們的食物消化並且吸收其中的養分。我通常吃一餐飯的時間，約十五分鐘，時間相當經濟，也吃得津津有味、吃得徹徹底底。這樣的一種吃法，我想是非常重要的。

其次是吃的態度，不要吃得太飽。往往有的人是暴飲暴食，還有的人是飽一餐，餓一餐。最好養成定食定量的習慣，定時地吃東西，適時地喝水。一頓飯，定時地吃，而且歡喜地吃，消化一定好，身體也會非常地健康。如果不定時定量，吃的時候，大吃大喝，餓的時候，又飢又渴，這樣對身體是不好的。而且暴飲暴食不容易消化，排泄物也會異常發酵，產生臭味。因為吃進去的東西，進入腸胃之後，無法產生正常的消化和吸收的功能，導致排泄物其臭無比，這表示消化不良。消化不良對腸胃是一種傷害，對身體是一種摧殘，這實在是得不償失，這種壞習慣應該要改掉。

自然的食物最好吃

其次，應該吃些什麼東西？哪些東西最好吃？自然的食物最好吃，而且是最衛生可靠的。凡是用人工養殖的，不管是水裡、地上生長的動物，乃至於植物，多半含有許多毒素。有的是含農藥太多，有的則是含荷爾蒙、殺蟲劑。目前我們在市面上看到的雞、鴨等動物又肥又壯，果菜很嫩很大，這些很有可能都是利用各種化學方式，在很短的時間催生出來的。這種食物的培養方式，叫作無機培養法。像那些短時間內就可以販賣的雞、鴨，都是吃了一些含生長激素的藥，不是自然生產的東西。這究竟是營養？還是毒素？未必每一個人都能夠吃素，但我主張動物的肉少吃一些，特別是人工養殖的動物肉吃得愈少愈好，甚至不吃。

此外，農作物應該提倡用有機肥料來施肥，最好不要用很多農藥、殺蟲劑。現在我看到很多果園，一開花就開始灑農藥，直到已經確定要結果了，才用紙把果實包起來。包起來當然好，一定是沒有農藥的。可是生產的過程，已經噴了農藥、殺蟲劑。像這種狀況能不能想辦法改良？就需要請我們的農政單位，還有一些投資於農牧業的商人，共同來研究了。在目前的市場上，已經可以看到一些用自然法培養出來的水果與蔬菜，吃的人愈來愈多，健康食物的販賣店也愈來愈多。健康食物就是不含農藥和化學藥品，而且也沒有動物的肉品在內，讓人吃得安心、吃得健康。

我看了一本名為《新世紀飲食》（*Diet for a New America*）的書，這位作者是美國一位冰淇淋大王的兒子。他主張不吃動物的肉，不吃雞、鴨的蛋，也不吃乳製品，因為這些動物都是被虐待長大的。雞、鴨、豬、牛等就像是被關在牢裡面，飼養的人用種種方式，催促牠們趕快長大、長肥，這些動物的體內因此含藏了不少的毒素。當我們吃了這類食物，毒素就會進入我們的身體裡面，危害我們的健康。所以作者就主張不吃肉類、不吃蛋類。現在我們能夠吃的東西已經很多，到了二十一世紀，我們的飲食習慣應該要有所改變。

（原載《天下》雜誌一九六期）

不斷回到初發心

不論從事任何工作或行業，在時時更新的現代社會裡，轉型往往是不能避免的。要轉型，需要兩種動力相輔相成：一是決心，二是毅力。二者相加，就是想要、一定要、非要不可的動力。

當你決定轉型後，心中會有一股強烈的意念鞭策你需要轉型、願意轉型；若不轉型，便會失去希望。然後下定決心去做，不管困難有多大，都得用智慧及努力去克服它。也就是說，你決定要做的事，已經過周全的考慮，而且深信這樣的改變，會比現況更好。

已經決定要轉型就不必再猶豫了。下定決心就去做，做了以後還要繼續不斷地做下去，這和修行的態度很類似。

重新開始不是原地踏步

一般而言，學佛的時間一久，初發心的熱度就很不容易維持了。佛教徒們常說：「學佛一天，佛在眼前；學佛一年，佛在西天；學佛三年，佛已不見。」當每天的修練成為一項日常的習慣後，不知不覺就會感覺不到佛在身邊，漸漸地就會有點偷懶、懈怠，不再像剛開始的熱絡與積極。等到了學佛三年，連信佛成佛的念頭也不見了。

所以要發長遠心，也就是要有毅力、有恆心、要不斷地堅持目標；堅持不等於硬著頭皮拚著老命，而是不斷地提起最初的意願，不斷地回到初發心的原則上，一次一次地修正錯誤，重新開始。

重新開始，不是回到原先的第一步，那等於原地踏步。而是從現在的這一步上，調整步伐，繼續前進。當發現自己有一點懈怠、有一點停滯時，就要讓自己日漸冷卻的心再度加溫，繼續邁向未來，達成目標。在走向未來的過程中，一定會有很多來自主觀及客觀因素的挫折，阻擾決心的維繫和抱負的展現。

但是，不論如何被阻撓，還是要回到初發心的熱度，提醒自己從現在起，一定要走出該走的路來，即使困難重重，也要走下去，最後就會成功。

練習打坐，訓練毅力

如果決心不夠、毅力不足，可以透過各種方法來訓練，禪坐是其中一種很有效的方法。

禪坐能鍛鍊人的毅力，堅定人的意志。曾經有一位教授在跟他師父學習打坐的時候，他的師父在他腿上，放了一塊連他自己都搬不起來的石頭，兩個小時之中，讓他不能任意放腿或起座，只能想盡辦法來忍受身體的疼痛與內心的煩躁。對一般人而言，這是一個殘酷的刑罰，他卻願意接受。

經過這樣嚴厲的考驗以後，他承受困難的毅力增強了，做任何事情會堅持到底，在尚未完成目標之前絕不放棄任何努力的機會。

所以在轉型之前，必須考慮：真的值得轉型嗎？真的需要轉型嗎？如果猶疑不決，表示還未準備就緒，目前不適合轉型。如果不馬上轉型就有全軍覆沒之虞，那就非得立即行動不可了。否則，一邊騎著老馬，一邊另覓壯馬，是比較安全的。

不要意氣用事

在人生過程中的轉捩點上，有時候也是需要有幾分冒險精神的。因為人生無常，在短短的數十寒暑之間，究竟能有幾次大好機會？如果機會來了，在轉型之前一定也要考慮清楚出路及退路，並在精神與物質的得失之間拿捏。例如說，夫妻兩人關係的轉型，難道一定非得離婚嗎？彼此修正相處的心態，培養共同的興趣，豈不也是轉型？而離了婚再找另一個對象結婚，就真的轉型成功了嗎？所以，關於個人生涯的轉型，千萬要仔細地考量，不能單憑一時之間的意氣用事而橫衝直撞。

假若已面臨水深火熱的狀況，當然要轉型。但還沒有到達水深火熱的狀況、非轉不可的地步，可是往下走或是轉型都沒有把握，機會各占一半，這時候，最好還是再考慮一下。如果明明知道轉型以後，有百分之百或是至少有百分之六十以上的希望，你當然要選擇轉型。不過，最後還是必須要問：轉型是為個人私利或為大眾公益？僅為私利者宜多考慮，為人為眾者則當仁不讓。

（原載《天下》雜誌二〇二期）

天涯何處尋知己？

一般人都希望能結交到好的朋友，結交到對自己有幫助的朋友，結交到與自己志趣相投的朋友，卻又常常陷在只要是聽我的、與我站在同一陣線的人，就是我的好朋友的盲點中。相反地，縱然是多年的知己好友，一旦各自有不同的立場、有不同的想法時，就很可能會誤解對方，認為對方背叛我、出賣我，不夠朋友。

俗話說：「知音難覓，知心更難。」就是說一個人終其一生，要交到很好的朋友很難。有很多人自認結交了很多好朋友，但可能只是一些吃喝玩樂的酒肉朋友，或者是只能同甘不能共苦的朋友。

很多人在交朋友時，不一定是要結交對他有幫助的朋友，只要對方願意聽他吐苦水，或者陪他東拉西扯，聊天抬槓，以度過自己空虛的時刻，就認為是好朋友。其實這種層次的朋友頂多只能陪你聊天、聽你吐苦水、附和你而已，並不能幫你多少忙。

益者三友，友直、友諒、友多聞。真正的朋友應該是相互扶持、相互提攜、相互慰勉、相互規勸，彼此互為善知識。

所以，真正的好朋友，是真正願意幫助你、協助你，必要時還會勸諫你的諍友，也就是「愛之深，責之切」。有時候，為了勸諫你，講很難聽的話，讓你很難受；但讚歎你時，也讚歎得恰到好處。

基本上，朋友的層次有很多。要交到真正的道義之友，必須看彼此的層次相不相等？此外，還要看彼此之間的互信度夠不夠？如果彼此的互信度不夠深，也很難推心置腹。

真正的道義之友不多，那是絕對地付出、絕對地奉獻；是一心一意只想到要幫助對方，並沒有希望得到任何的回饋。如果自身的修養層次不高，常常只站在自己的角度來看事情，而不願意聽對方的忠告，是很容易喪失道義之友的。

不過，人與人之間交往，若說要完全沒有利害關係，是不太可能的。彼此的友誼應該建立在互惠的基礎上，不能總是要別人幫助你，而你卻不幫別人。但如果是對方不肯付出，至少他也讓你達成了奉獻的心意，間接地，你也得到了另一種利益。

物資支援，精神鼓勵

如何結交到好的朋友？

第一，要能先為他人的利益設想。跟朋友接觸時，考慮到自己可以幫他什麼忙。如果自己無法給他什麼東西，至少不可使對方覺得困擾，或浪費對方的時間。即使是有求於他，也要用誠懇的態度，讓對方覺得歡喜。如果是他人求助於己，就要想那是給自己奉獻和成長的機會，等於是他給了自己幫助，如此存心，就會交到真心的朋友。

結交真正的朋友要慢慢來，需要時間。在交往的過程中，讓彼此的友情培養起互信、互敬、互助的深度及濃度。所謂患難見真情，真正的朋友是他沒有想要占你的便宜，也不會拒絕你給他的好意支援；對於他需要的東西，與你對他的幫助，他都一樣滿足。物質的支援是需要的，精神的鼓勵更重要，這就是重道義的朋友。

第二，要把自己的心量擴大。多一分心量就多一分人緣。如果對方已把你當作好朋友看待，講話就會比較直接，也比較公正，不會兜著圈子說客套話，但會讓人很難接受。這時候，你的心量要大，就是對方誤會也不介意，要曉得對方是知心的朋友，他不會有惡意的。

第三，要互信。朋友雖然當面批評你，對你指責很多，但對他要有信心，相信他不會在背後出賣你。建立在互信基礎上的友情，就會比較穩固。彼此有了誤會，要設法去了解對方在想什麼，適時而主動地解開誤會，並向他表示歉意，不該讓他產生誤會。當對方發生困難時，要去關懷他、協助他。雪中送炭的患難之交最令人懷念，即使彼此暫時遠離了，也將會再度成為你的知音。

找回失聯的好友

另外，還有一種情形，本來是好朋友，但因故而漸漸疏遠，也互相失去了聯絡。如果發現了，就趕快打電話給他，向他請安問好。如果是因為誤會，若想挽回昔日的友誼，由自己來努力往往是最好的方法，但也要不著痕跡，不要太勉強，誤會需要一段時間來沖淡。所謂路遙知馬力，日久見人心，時間久了，他會看出你對他沒有敵意，並不是如他所誤會的那麼壞。

結交不到真正好的朋友，也千萬不要交上壞朋友，有一些禮尚往來的普通朋友，或是見面三分情的點頭寒暄的朋友，也是滿好的。縱然終生找不到推心置腹的好朋友，也沒有關係。只要你自己做每一個人的忠實朋友，用心去關懷他人，不論他們的感覺如何、反應如何，你就是他們的朋友，他們也是你心目中的好朋友了。

（原載《天下》雜誌一八四期）

大分寸與小格局

分寸，一種是主觀的分寸，這是每一個人都有的，因為每一種情況都有主觀的因素，所以是主觀的。另一種是公認的分寸，但不一定是合理的。尺有所短，寸有所長，分寸要掌握得很準，根本不可能。

即使是法官判案，也不可能完全根據法律條文，有時也要用他自己的智慧，順情、論理、依法來判案子。法律條文雖是客觀的、公正的，但有其成文的時代背景，不見得完美無缺。因此當事件發生時，往往不能夠全部套用法律條文，而是要用智慧來衡量，因此，分寸要掌握得準確是很困難的。

如能有這樣的認識，就不會苛求他人要與我們有相同的分寸。如果有這樣的涵養，那麼，就已經掌握住分寸了。這就是智慧的分寸。有智慧分寸的人，一定不會與他人喋喋不休。

掌握智慧的分寸

如果能夠認同每個人都有他自己的分寸，就能夠認同我有我的原因，他有他的原因。譬如屬下與長官吵架、夥計與老闆吵架，都是沒有分寸的，但是為什麼他們會這樣？小孩子為什麼要與父母吵架？太太為什麼要與丈夫吵架？這都有它的原因。雖然有時候講不出來，但只是無法用適切的語言來形容而已。因此，對人的要求，不要用自己的尺寸來衡量，不要非要求他人和自己相同不可，要有雅量、要有一顆寬宏的心來容納異己。

不管是一家之長，或是公司的老闆，如果要扮演好自己擔任的角色，那就不要以自己的尺寸為尺寸，也不要以某人的尺寸為尺寸；不要先為他人預設框框或模式，而要為他人保留成長、發揮的空間。這樣一來，隨時隨地都會有新境界出現。

無論是家庭也好，公司也好，為避免上下顛倒、倫理混淆，公司制度、規章、紀律失衡，在小分寸之上，仍需要有大分寸。也就是要掌握大的原則、大的規範，它是用來維繫組織、家庭的。換句話說，制度是可以改的，例如法律是必要的，可是法律條文也常常會因時、因地、因需要而改變；約束是要有的，但不是永遠不變，要能通權達變。

所以，當在大方針、大分寸之下，拿捏得穩，那分寸就可大可小。如果老是斤斤計較於小分寸，緊緊守住小格局，就不能有充分發展的空間了。

不傷害人的分寸

至於每個人要如何守好自己的分寸？當與人相處時，凡事要謹慎，不說無理的話，不做無理的動作，心中要少一點邪思、邪念。只要和倫理道德、因果關係相違背的，以及損人不利己的念頭、事情和話語，都要少想、少做、少說，這也是做人的大原則。

如果能在不傷害人的原則下與人相處，這就是分寸。明明知道一句話說出來會傷別人的心，會讓對方覺得受到很大的委屈，又何必說出來？

一般人總覺得話說得愈狠、愈重則愈有力。其實講重話要像使用馬刺的作用一樣，馬刺不是要使馬皮破血流，而是要讓馬產生警覺心，這叫作忠言逆耳。

不過，忠言逆耳倒也不是要達到怒罵人、侮辱人的程度。忠言只是讓人感受到：「好在你當時說我一下，讓我有所警覺，否則今天可能會有麻煩。」這就叫作分寸。但如果樣樣都說好，那就是鄉愿了。鄉愿也不算是有分寸。

（原載《天下》雜誌一八〇期）

在不安中安定生命

人難免會處於不安心的狀態。當你處在恐懼、憂慮、焦急、緊張、興奮之中，心即不安寧。現今是個競爭激烈、科技處於高度發展的時代，社會經常處於政治、經濟、軍事的壓力下，尚有社會治安、交通事故、環境汙染等威脅，隨時都會使人的生命、家庭和財產毀於一旦。

再加上現今工商社會，人人皆汲汲營營於物欲的競逐，倫理淪亡，親情淡薄，家庭組織沒有安全感，離婚率愈來愈高。很多家庭，更因父母鎮日忙於事業與交際應酬，對兒女疏於關懷，而產生許多行為偏差的青少年，給社會帶來很多困擾。因此，要挽救家庭，必須從個人自己做起，每個人都盡到家庭一分子的責任，便能達到父慈子孝、夫妻和睦、兄友弟恭的和樂境地。

生命是不安的根源

以個人的生命來說，從出生到死亡，生命中的每一分、每一秒，都不能有絕對的保障，可能生病，也可能意外死亡。我們必須接受這個事實。能夠坦然接受它，也就不必擔心生命的安危與否了。

生命的未來是不可知的，唯有努力維護其安全。再者，有生命就沒有絕對的安全，我們不用擔心安全的問題，但要努力將危險降至最低的程度。自己不製造危險，也不使別人有製造危險的機會，縱然這樣，還只是比較安全而已。因為人沒有不死的，生命的本身，就是不安全的根源。抱持這個看法，才能從不安全的環境中，把心安定下來。

人要修行，要將身心安靜下來，赤裸裸地、誠實地面對自己的心理活動。在修行的過程中，才會發現自己的心很亂、很不安靜、很不清淨、很不寧靜。當看見自己的內心問題時，不要沮喪，而是運用禪修的觀念和方法，讓自己的心安定下來，生起慚愧、懺悔、感恩心，心自然會慢慢地安定與清淨。

心如明鏡

一般人必須透過禪修，將散亂的心，一次次地練習，就能漸漸地達到安定與清淨；而禪修的層次是從散亂心、集中心、統一心，最後達到無心。真正的安心是無心可安。無心狀態是入定，但不是普通世間定，此時沒有空間、沒有時間，沒有移動不移動的問題。譬如一條蟲在地上爬，你看到牠是在爬，但你的心不會跟著牠爬。也就是說，任何事情照常發生，但你的心，不會跟著起作用、生分別。

此時的心，就像鏡子，鏡面能反映一切從它前面經過的事物，鏡面本身卻不會受影響，永遠不會跟著任何事物的移動而變動，也不會留下任何事物的痕跡。無心便是心不動，也不留下任何現象。正因為心不動，所以對於一切現象，都能如實地反映；又因為不留痕跡，所以對於反映的現象不會重疊混淆。

正因如此，無心可安的人，沒有煩惱的衝動，卻有智慧的功用。

（原載《天下》雜誌一八八期）

情與理，缺一不可

如何使人際關係不複雜，答案只有四個字，「用情用理」。也就是說，要妥善運用慈悲和智慧，來處理我們的人際關係。

從佛法的觀點來看，慈悲和智慧實際上就是世間所講的情與理的淨化。所謂淨化，指的是不使自己和別人陷於困境、煩惱之中。

我們對人多一分關懷，便是多一分情義。有一些人蠻橫不講理，和他講理講不通，但是，用「情」——親情、愛情，或是用朋友的關係，問題就解決了。

中國人是極富人情味的民族，向來比較偏愛用「情」來處理人與人之間的關係，讓人感到很溫暖、很親切。不過，如果只用「情」，而忽略了「理」，我們可能會顛倒是非、黑白不分。

情與理的平衡

因此，對於自己的家庭或親戚朋友的倫常關係，我們可以用「情」來處理；但是，對於社會的關係，則當以「理」來處理比較妥當。換句話說，處理私人的事情，可以用「情」；處理公共事務，就必須用「理」。用「情」可以使我們的環境和諧；用「理」可以使環境公平，二者執一不可，當然也缺一不可。

很有理性的人，凡事都講究公平合理，所以他們時常陷入困擾當中。他們總是說：「怎麼搞的，這世上不公平、不合理的事情為什麼那麼多！」

其實，這是因為缺少慈悲心的關係。要知道，面對人時，是不能全部用「理」的。人不能當成物質來處理，應該要加上一點點溫柔的慈悲，這樣我們才會覺得心安理得，同時和我們有關係的人，也會覺得很愉快。

慈悲心和同情是不一樣的。它是經過淨化作用之後，一種非常清淨的感情。「同情」是夾雜著個人的情感，相反地，「慈悲心」就不會有個人的情感了。

從不同角度體諒人

當我們周圍出現不合理的現象，或有人做出不合理的行為時，依「理」來說，這些行為都已瀕臨法網的臨界點，很可能會為他們帶來法律責任。如果從慈悲的立場來看，他們的行為也許是由於家庭背景、社會環境，或身心因素所引起。能從不同的角度來體諒他們，並用不同的方法來幫助他們，這就叫作慈悲。

對於別人的問題，要用慈悲來對待，但不是一味地順應對方；對於自己的問題，應該用智慧來化解、調整和修正，這叫作修行。

我們常常會遇到一些困擾自己的問題，這些問題往往是自己製造出來的，也可能是環境給我們的。在這種情形下，怨恨自己或是指責他人都沒有用，若能以宗教的觀點，例如佛法的因果觀來化解是較好的，否則，我們很可能會一輩子憤恨難消，苦惱不已。

根據佛法的因果觀念，一切的困擾與煩惱，都是緣自於過去的「因」，所以，才會結現在的「果」。

有了這種觀念以後，煩惱會愈來愈少，或根本不用去煩惱。但是，因果的意思，並非叫我們不要改變環境、不需要解決問題；而是要加上適當且足夠的因緣，來促成環境的改變和問題的解決，這才是智慧的態度。

人人都有慈悲與智慧的心，社會一定能夠淨化，我們的人生一定是幸福安定的。

（原載《天下》雜誌一九三期）

知福惜福做環保

除了少數的人，恐怕連「環保」這個名詞與觀念，都還沒有建立起來之外，多半的人都知道環保這個名詞，並且知道我們生存的環境已經有了問題。透過各種各類的訊息，我們知道臺灣的環境汙染非常嚴重，生活環境的品質也愈來愈差。人為的開發使得自然環境遭到嚴重的破壞，人為的享受使得生活環境受到嚴重的汙染。

雖然人們也都嚴厲地批評汙染環境的因素，但是幾乎沒有人真正用自己的手或生活方式，來改善、減少對環境的汙染。大家只知道盡量想辦法來使自己便利，或許自己也會因而受到災害，但是一時間也顧不得這個問題，只想到便利就好。

譬如農牧的不當開發，在過去，種田的人用的是天然堆肥，人工除草、驅蟲，不太可能有機會汙染環境；但現在的農牧方式不一樣，多使用農藥，造成很多麻煩。農牧當中，最大的汙染源來自養豬戶所清除的汙物，而水資源最嚴重的汙染就是農藥，種菜時所使用的農藥對土地也是一種汙染。我們現在吃到的一些肥美碩大的蔬菜、水果，街上買到的一些豬肉，實際上都是從汙染的環境中開發出來的產品。

愛護環境要知行合一

很多人都知道要愛護環境，可是真的自己著手去保護環境的人卻少之又少。工商業的生產一定要有環保設施，不然工廠排出了未經過汙水處理的廢水，就會汙染河川。而種植農產品所使用的農藥也同樣會汙染水資源。過去許多圳、溪、河內，有許多野生的魚蝦，現在漸漸看不到了。還有吃素的人很喜歡吃的海邊生產的海藻類，如紅毛苔，現在的產量不僅愈來愈少，而且也受到了汙染，可能含有毒素，吃素的人很可能也因此吃進了有毒食物。

像這種情形，人們儘管也知道要保護環境，但就是不知道如何由自己做起。在日常生活中，浪費的情形也非常嚴重，譬如塑膠袋的使用，買幾塊錢的東西就拿一個塑膠袋，甚至多拿幾個帶回家用。塑膠袋固然很方便，可是它永遠不會腐爛，燃燒時更會產生毒氣，汙染我們的生活環境。在過去都是用報紙，或者是用芋頭、美人蕉等植物的葉子來包裝物品，根本不會有汙染的問題。

每個家庭的垃圾製造量也非常可觀，東西並沒有完全用盡或用壞就把它丟棄，於是變成了垃圾。垃圾一丟出來，就變成汙染源。一有新產品出來，稍微舊一點的用品就把它丟了，這些舊物品也就變成了汙染環境的垃圾。過去的垃圾可變成堆肥，滋養農作物，現在的垃圾有很多是萬年不化的塑膠製品，而且有很多的化學物質，會傷害農作物。

一粥一飯，當思來處不易

在我年輕時期的臺灣，一般人所使用的交通工具，是腳踏車、三輪車，運送貨物則用板車、牛車，所以，不會像現在的交通工具如汽、機車一樣，因為使用汽油的緣故而有空氣汙染的問題。夏天，為了驅散暑氣，最常用的是蒲扇、葵扇，奢侈一點的，也只用電扇而已，因此，不會有冷氣機所排放出來的熱氣，當然也沒有冷媒之類的東西來破壞大氣層。那時，衣服穿破了，補一補還可以再穿。第一個孩子的童裝，可以給第二個，乃至於給第三個孩子再穿。當時盛行的一句話是：「新三年、舊三年，縫縫補補又三年。」而且對於食物也格外珍惜，常以《朱子家訓》的格言：「一粥一飯，當思來處不易。」來告諭子弟，不能任意糟蹋。不僅吃剩的食物不會丟棄，甚至已經發酵發臭的食物，洗一洗、曬一曬，再煮來吃，腸胃照樣太平無事。

那個時期的臺灣，垃圾很少，甚至可以說，根本沒有任何東西可以變成永久的垃圾。現在的臺灣，垃圾量卻愈來愈多，每年只有增加，沒有減少，不僅浪費自然資源，也增加汙染源。

因此，法鼓山平時就盡量減少資源的浪費，並且不斷地重複使用，然後改變方式再利用。譬如，洗米水可以洗碗筷，也可做為灌溉水。我們的碗筷，幾乎沒有油漬，少許的菜油都是和著開水，再當作湯汁喝下去，所以碗是乾乾淨淨的。如果還有殘餘一點點油漬，就用洗米水洗乾淨。於是一桶水變成了洗米水，洗米水變成了洗碗水，洗碗水又變成了灌溉水。一物數用，非但能節約資源，同時還能保護環境。此外，除非信眾自己帶了塑膠袋來到寺裡，否則，我們很少使用塑膠袋。

知福惜福才能做心靈環保

我們應該做好「心靈環保」。物質環境的保護，只能治標，不能治本；心靈環保則從人心淨化的根本做起，也唯有如此，才能正本清源。從心靈的環保做起，我們才會心甘情願，自發性地減少浪費自然資源，而不會只要求他人該如何；並且會覺得是一種享受，而不是犧牲，這就是「知福惜福」。

所謂「心靈環保」是說，因為我們的心被汙染，以致於環境也被汙染；假使我們的心不受汙染，環境也會跟著不受汙染。因為心靈是指揮身體的，我們的行為是和心連在一起的，每一個人心念的改變，就能改變一個人、一個家庭，甚至一個社會，所以，心念的改變才是最重要的。

「環境」本身不會製造髒亂，植物或礦物也不會為人類的生活環境帶來汙染，唯有人類才會製造髒亂。不但汙染物質環境，更是汙染精神環境，從語言、文字、符號，種種形象以及各種思想、觀念等，都會為人類的心靈帶來創傷與汙染。物質環境的汙染不離人為，而人為又離不開人的「心」。如果人「心」潔淨，我們的物質環境絕對不受汙染。因此，討論環境的汙染，就必須從根源著手，也就是我一再強調與倡導的「心靈環保」。

（原載《天下》雜誌一八一期）

珍惜現有的福報

環保的問題要徹底解決，必須從我們的日常生活簡單化、淳樸化著手，除了必須要用的，不要多用，更不要浪費。對我們擁有的生活環境，要知福惜福，愛護保護，不要任意浪費、破壞。現代人多半浪費成習，尚未用完或用壞就扔掉，雖然是用自己的錢買的，但是浪費了東西，就浪費了地球上全民共同的資源。地球上很多的資源是愈來愈少，只有人類的數量是愈來愈多。如不設法淨化人類的心靈、簡化人類的生活，而只管一味地提倡環保，無異是本末倒置、癡人說夢！

人的福報有一定的限量，這一生的福報如果提早用完，下半輩子就沒有福報了。如同餓鬼，有食物吃不得、有水不能喝，這就是因果報應。佛法講因果、福報，就是心靈的環保。所謂「因果」，是指我們現在所作所為與將來所得到的結果息息相關。也許是自己的這一生，也許是下一生，也許是後代子孫，會受到果報。我們一定要珍惜現有的福報，同時要為來生培養更多的福報。

臺灣的人太幸福了，物質條件非常豐富，而且因為頭腦好，也使得物質更豐富，可以更便利地做事，這是臺灣人民的福報。但這樣的福報也為臺灣的未來帶來災難，例如，水資源立即就會出現危機。

現在不珍惜，子孫會遭殃

這不是故意危言聳聽，二十年後，臺灣的飲用水如果不是要由國外進口，就是得將海水變成淡水。而天上降下來的雨是酸雨，不能取用。雨降到地面上，但地面上盡是農藥，一樣不能用。地下水枯竭，使得臺灣這個美麗的海島，雖然常常下雨，卻變成了沙漠。

因此，如果現在不好好珍惜水資源，保護水資源，二十年後的水還能不能喝，是個大問題。

在我們生活環境四周，放眼望去盡是垃圾，縱然是棄之於山谷中，還是垃圾。而丟到海裡的垃圾，其中有一些不會漂流到很遠的地方去，還是會被海浪沖回岸邊，遺留在我們的島上，汙染我們的環境。

所以，我們今天如果不及時剎車與調整生活觀念、生活方式，我相信，五百年後的地球，可能到處都是垃圾山，所有的人類可能都會害皮膚病。但是，我們若能及時回頭，愛護環境，人人有心、人人努力，未來的災禍並非不能挽救，人間淨土也不是夢境一場。

解決環境問題的對策

如何解決環境問題？我認為應該有四個方面的對策。

第一，是政府的政策制定與執行。由於政府的政策與經濟開發有關，如農牧的開發、工業的開發，然而經濟的成長和環境的破壞是成正比的；所以，政府擬定政策的同時，要考慮到讓環保政策與經濟政策平行發展，多加強一些環境的保護，少賺一點錢。寧可讓經濟成長緩慢些，一定要讓環境的保護與改善快一點。

第二，在日常生活觀念上，人人要養成節省、惜福的習慣。不能因為錢多，就拚命用；不要因為物質非常容易取得，就認為取之不盡、用之不竭而任意揮霍。要知道，這是在製造更多的汙染和浪費資源。事實上，我們每天都將許多珍貴的自然資源，糟蹋成為破壞環境衛生的垃圾。

人身上有皮膚、血、肉與骨骼，地球也一樣有血、有肉、有骨骼。我們使用自然資源，等於是把地球的骨骼一塊塊取來用，把血液一桶桶抽來用。抽多了，地球會貧血，沒有血便會死亡。那時，地球就成為一個無生命的、無人居住的星球。何況我也常說，地球是人類及一切萬物的母親，可以吸吮母親的乳汁，卻不可摧殘母親的身體。任意地浪費自然資源，如同折母親的骨骼、抽母親的血液、剮母親的皮肉、拔母親的毛髮，樣樣行為都是加速母親早日死亡。

想把外太空或其他星球的資源運回地球的可能性是很渺茫的。為了人間淨土能在地球上實現，我們更應該珍惜並且善用自然資源。

第三，工商業界也應該多負起環境改善的義務與責任。譬如，改善製造過程中的一些汙染，製造出來的產品最好能不破壞環境、不汙染環境。

第四，在教育方面，父母必須在孩子小的時候，就加強孩子對環境保護的知識。教小孩要愛惜物資，知福惜福。應該不斷告訴小孩，大環境被我們破壞之後，就沒有任何的生存空間了。我們只有一個地球，沒有第二個地球。我們住在臺灣，只有一個臺灣，沒有第二個臺灣。如果不懂得環保的生活方式，環保做得很好的國家不但會看不起我們，我們也會因此受到制裁。

（原載《天下》雜誌一八一期）

附錄

人心微塵勤灑掃

莊素玉

常在病中、身體瘦弱的聖嚴法師，身高一百七十二公分、體重四十八公斤，仍四處弘法。最主要的目的是要提昇人的品質，建設人間淨土。

聖嚴法師可說是心靈領航員。數十年來，致力於心靈環保及禮儀環保運動，希望帶動社會風氣的全面淨化。

聖嚴法師指出，要提昇人的品質，應先從自己開始，進而再幫助他人提昇品質。

提昇人的品質，就是對人對己少一點得失心、少一點傲慢心、少一點自私心，多一分謙虛心、多一分慈悲心、多一分關懷的心，就已體驗到了基礎的佛法。

他強調：「生活就是修行，修行不離生活。」

如何在生活中修行？法師認為，最重要就是讓自己的心不受環境所汙染，也不因個人心念的蠢動而受影響。

聖嚴法師也強調安身，也就是所謂的禮儀環保。就是要從語言、身體，乃至面部的表情與動作、內心深處，都要表現出對他人的尊重與感恩。由於對人是真誠有禮貌，所得到的回響一定是安定、安全的，自然所處的環境就會是安全的。

身為國際知名禪師，聖嚴法師每年固定往返紐約、臺北，也飛遍全世界各地講經說法。他全心全意在想著、在做著淨化人心的工作。他常說：「忙人是最幸福的。」

（原載《天下》雜誌二〇〇期）

國家圖書館出版品預行編目資料

是非要溫柔：聖嚴法師的禪式管理學 / 聖嚴法師著 .
-- 三版 . -- 臺北市：法鼓文化 , 2024.01
面；　公分
ISBN 978-626-7345-16-0（平裝）

1.CST: 修身　2.CST: 職場成功法

192.1　　112017958

人間淨土 24

是非要溫柔——
聖嚴法師的禪式管理學

Calm and Gentle While in Conflict:
Managerial Wisdom by Chan Master Sheng Yen

著者　聖嚴法師
出版　法鼓文化

總審訂　釋果毅
總監　釋果賢
總編輯　陳重光
編輯　詹忠謀、李書儀
封面設計　化外設計
內頁美編　胡琡珮
地址　臺北市北投區公館路 186 號 5 樓
電話　(02)2893-4646
傳真　(02)2896-0731
網址　http://www.ddc.com.tw
E-mail　market@ddc.com.tw
讀者服務專線　(02)2896-1600
初版一刷　1999 年 12 月
三版一刷　2024 年 1 月
建議售價　新臺幣 230 元
郵撥帳號　50013371
戶名　財團法人法鼓山文教基金會 — 法鼓文化
北美經銷處　紐約東初禪寺
Chan Meditation Center (New York, USA)
Tel: (718) 592-6593　E-mail: chancenter@gmail.com

法鼓文化

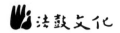